Domingos Pellegrini

Mestres da paixão

a palavra é sua

Domingos Pellegrini

Mestres da paixão
Aprendendo com quem ama o que faz

Este livro recebeu o seguinte prêmio:
- Prêmio Jabuti - 2008
categoria Melhor Livro Juvenil

1ª edição

© DOMINGOS PELLEGRINI 2007

COORDENAÇÃO EDITORIAL	Maristela Petrili de Almeida Leite
EDIÇÃO DE TEXTO	Erika Alonso
COORDENAÇÃO DE PRODUÇÃO GRÁFICA	André Monteiro, Maria de Lourdes Rodrigues
COORDENAÇÃO DE REVISÃO	Estevam Vieira Lédo Jr.
REVISÃO	Jane dos Santos Coelho Taniguchi
EDIÇÃO DE ARTE/PROJETO GRÁFICO	Ricardo Postacchini
ILUSTRAÇÃO DE CAPA	Eduardo Albini
CAPA/DIAGRAMAÇÃO	Camila Fiorenza
ILUSTRAÇÕES DE MIOLO	Domingos Pellegrini
COORDENAÇÃO DE BUREAU	Américo Jesus
TRATAMENTO DE IMAGENS	Evaldo de Almeida
PRÉ-IMPRESSÃO	Helio P. de Souza Filho, Marcio H. Kamoto
COORDENAÇÃO DE PRODUÇÃO INDUSTRIAL	Wilson Aparecido Troque
IMPRESSÃO E ACABAMENTO	Forma Certa
LOTE	751395

Dados Internacionais de Catalogação na Publicação (CIP)
(Câmara Brasileira do Livro, SP, Brasil)

Pellegrini, Domingos
    Mestres da paixão : aprendendo com quem ama o
que faz / Domingos Pellegrini. — 1. ed. —
São Paulo : Moderna, 2007. — (Série a palavra
é sua)

    1. Literatura infantojuvenil I. Título.
II. Série.

ISBN 978-85-16-05557-8

07-4255   CDD-028.5

Índices para catálogo sistemático:

1. Literatura infantojuvenil 028.5
2. Literatura juvenil 028.5

Reprodução proibida. Art.184 do Código Penal e Lei 9.610 de 19 de fevereiro de 1998.

Todos os direitos reservados

EDITORA MODERNA LTDA.
Rua Padre Adelino, 758 - Belenzinho
São Paulo - SP - Brasil - CEP 03303-904
Vendas e Atendimento: Tel. (11) 2790-1300
www.modernaliteratura.com.br
2022

Impresso no Brasil

*Aos mestres da paixão
legado que ilumina
como o cipreste se inclina
ao vento em gratidão.*

Sumário

As múltiplas faces da palavra —
    Maria Lúcia de Arruda Aranha, 9

1. Dona Benvinda, 11
2. Só pra contrariar, 19
3. Do mar ao infinito, 25
4. Ptialina, 60
5. Entre céu e inferno, 76
6. Procurando encrenca, 99
7. Bem-entendido, 113
8. Caminhada noturna, 121
9. Decoração e coração, 134
10. *Quoci fa tutte*, 142
11. Fênix e Ícaro, 151
12. Arredondando, 157

Passando a chama —
    Domingos Pellegrini, 164

As múltiplas faces da palavra

Alguma vez você já se perguntou se o animal pensa? Por exemplo, o seu cachorro: você bem percebe que ele sente — medo, afeto, raiva — e que também demonstra inteligência, tanto que aprende um mundo de coisas que você lhe ensina. Mas, embora abane o rabo, ameace com grunhidos e entenda suas ordens, ele não fala! Diferentemente dos animais, nós falamos: com a ajuda dos adultos, desde cedo recebemos o presente da *palavra*. Pronunciamos primeiro alguns termos, depois construímos frases e lentamente aprendemos a pensar! De fato, a palavra é a "roupa do pensamento": sem ela, o mundo seria um amontoado de sensações inexprimíveis e impulsos incontrolados.

É bem verdade que, ainda pequeno, você imitava os adultos, mas com o tempo foi adquirindo seu estilo próprio de falar e, portanto, de pensar. Por isso é preciso tratar com carinho esta ferramenta fantástica que é a palavra, o "Abre-te, Sésamo" que lhe permite entrar, não na caverna de Ali Babá, mas em uma realidade mais rica: a de tornar-se cada vez mais humano pela palavra!

Então, vejamos: com a palavra, você lembra o passado e planeja o futuro, o que não é pouco! Além disso, pode "falar" consigo mesmo, comunicar-se com os outros, contar um acontecimento, inventar uma história, criar ou resolver enigmas, expressar sentimentos, orar, poetar, comandar, implorar, persuadir, ensinar, prometer. E tantas, tantas outras coisas!

Ah, mas a palavra é uma faca de dois gumes: com ela você também pode mentir, maldizer, provocar mal-entendidos, doutrinar, caçoar, ofender, trair, difamar.

Depende de você saber como usá-la, porque *a palavra é sua*!

Maria Lúcia de Arruda Aranha

Maria Lúcia de Arruda Aranha é licenciada em Filosofia. Escreveu diversas obras para a Editora Moderna, entre elas, *Filosofando, introdução à Filosofia*, de que é coautora.

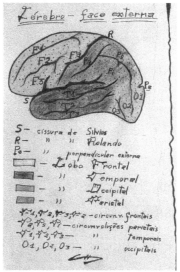

*Tudo começou quando uma
professora me elogiou...**

I. Dona Benvinda

Não é à toa que estas lembranças começam com desenhos do cérebro, que fiz aos catorze anos, conforme se verá adiante. Maravilha entre as maravilhas do corpo, o cérebro ainda é tão inexplorado e desconhecido como o universo, que quanto mais desvendamos mais deixa a desvendar. Fomos descobrindo que, como o universo tem galáxias, o cérebro tem suas áreas para seus tantos traba-

---
* Ilustrações escolares do autor, aos catorze anos de idade.

lhos. Além de gerente permanente das operações automáticas do corpo, operador também das nossas vontades e engenheiro do raciocínio, ainda mexe o caldeirão das emoções e da memória, que se misturam na mente como o gosto de cebola e alho na comida.

Nesses processos químicos, o cérebro deixa de se assemelhar ao universo e passa a lembrar mais o átomo e seu microinfinito de energia em contínua mutação, tão desconhecido quanto o macrouniverso. Entre esses macro e micro mistérios, ficamos com uma certeza: lembramos do que nos faz bem, do que nos marca e ensina, aquilo que passa, como dizemos, pelo coração.

Na verdade, o próprio coração é apenas um músculo, muito menos complexo que o cérebro, que poderia se sentir enciumado de fazer todo o serviço das emoções e da memória, com o mérito ficando para o coração... Mas é o próprio cérebro quem cria os símbolos, como ao simbolizar o coração como órgão das emoções e da memória. E é também ele quem "manda" o coração bater mais forte no medo ou na alegria, como é ele quem guarda, ao seu critério, pedaços de quebra-cabeças ou fiapos de tecidos da memória. E, quando queremos lembrar, nos surpreendemos vendo que, daquilo tudo, ficou só isto ou aquilo, indicando claramente para onde estava focada nossa visão na época, e como os sentidos produzem lembranças mais vigorosas que a razão.

No entanto, como os sentidos são desprezados pela (des)didática convencional! A velha escola quer que a gente leia, sem se preocupar em nos revelar, em nos fazer ver os processos, as funções, as estruturas internas e as relações entre cada coisa e o mundo! Quer que decoremos sem entender. Que leiamos sem gostar, porque não entendemos. Quer que a gente escute, mas não quer nos escutar, pois não nos estimula a falar! Sonega-nos as cores, já desde a expressão "quadro-negro" até a arquitetura descolorida. Não permite o tato, ao negar o manuseio, a operação dos processos, o conhecimento operacional. E, ao confinar o ensino em salas, nos isola dos cheiros do mundo e dos estímulos da vida. Uma educação sem cor, sem voz, sem vocação, sem ação, sem iniciativas, sem gosto, sem paixão.

Eu andava com ojeriza dessa educação, depois de ver meus filhos sofrerem as mesmas pressões escolares em direção à falta de expressão, em favor da massificação em vez da individualidade, visando a *performance* mental em vez de personalidade, das habilidades e da civilidade.

Então minha mãe ficou bem doente, velhinha, e começou a abrir o baú, a dar coisas guardadas durante décadas. Baú é modo de dizer: são enormes armários embutidos e grandes cômodas de onde, entre meus primeiros poemas, cartões de Natal, boletins escolares, fotos e cartas, ela sacou um caderno de desenhos de Anatomia e Fisiologia que eu pensava perdido, e de que volta e meia lembrava, por ter sido feito com paixão.

Ao folhear, tive de tomar cuidado para não molhar de lágrimas o velho caderno, e fui lembrando de meus professores marcantes, como aquele apaixonado por Ciências Naturais, que me faria deixar as brincadeiras de rapazola para passar tardes desenhando com dedicação e capricho. E fui vendo que todos os professores vivos na memória eram apaixonados: ou pela educação, ou pelos alunos, ou pela matéria que ensinavam, ou pelas três coisas juntas.

Resolvi então escrever este livro, com a cabeça e com o coração.

Não lembro do primeiro dia de aula. Foi no Grupo Escolar Evaristo da Veiga, ao lado da casa de vó Sebastiana, em Londrina, inesquecível casa de madeira suspensa sobre tocos, com um porão aberto embaixo, onde galinhas ciscavam e botavam ovos, e onde a imaginação infantil criava mundos. O quintal tinha mangueiras, onde eu era proibido de subir, mas subia, e lá de cima olhava o grande pátio do grupo escolar, na verdade um terreiro, onde as crianças corriam e formavam filas quando batia o sino.

Como nasci em julho, iria para essa escola ainda com seis anos e meio, mas de nada lembro além daquele terreiro que hoje é uma quadra de esportes coberta. Meus pais se separaram e minha mãe nos levou para morar em Assis, no estado de São Paulo, para onde vó Sebastiana tinha se mudado. Minha primeira lembrança de escola é então do Grupo Escolar João Mendes, onde cheguei no meio do ano, e devia ser junho, porque era inverno, lembro de desenhar com os dedos duros de frio. Desenhei uma casinha, a clássica casinha infantil, com fumaça saindo da chaminé para um céu com sol e nuvens, trilha saindo da porta até o rio, e uma cerca de balaústres dividindo a página entre céu e terra.

Eu não sabia que naquele desenho estavam símbolos da sociedade rural que começava a desmoronar: a chaminé, a cerca de madeira, a trilha para o rio, o próprio rio, que seriam substituídos por fogões a gás, muros de alvenaria, riachos urbanos canalizados. Também não podia imaginar que a separação de meus pais apenas anunciava a transformação em massa das famílias, que meio século depois são na maioria formadas por pais e filhos gerados por mais de um casamento ou mesmo unidos sem formalidades casamentais. O que eu menino sabia era que estava numa cidade estranha, numa escola estranha, entre colegas estranhos, vestindo um uniforme estranho (calças e paletó de brim cáqui, com camisa branca e sapatos pretos com meias brancas ou pretas, isso não lembro).

Lembro de a professora se inclinar ao meu lado na carteira, olhando o desenho, como lembro do cheiro doce e morno de seu decote, arfando enquanto ela dizia que era um belo desenho, eu estava de parabéns, tinha desenhado uma paisagem muito bonita. No extremo da cerca desenhei uma árvore, com frutos vermelhos, pequenas bolinhas que eu tinha pintado antes de rodear cada uma com o verde da árvore, truque indispensável para deixar as bolinhas bem vermelhas, pois, se pintasse sobre o verde, ficariam de outra cor, e isso foi o que mais encantou a professora, batendo a unha sobre cada uma das frutinhas e dizendo que eram belos detalhes, palavra que se tornaria também inesquecível e preciosa.

Não lembro o nome dela, não lembro seu rosto, apenas seu decote ao meu lado e sua unha nas minhas frutinhas, mas me ensinou para sempre que a beleza depende de detalhes, ou mais até, todo serviço benfeito depende de detalhes bem cuidados. Quando comecei a escrever, uns seis anos depois, rabiscando os primeiros poemas, passei a reescrever, alterando uma palavra aqui, outra ali, cortando versos, acrescentando, emendando, tanto que um dia pediria aos meus pais, já então novamente morando juntos, uma máquina de escrever, para poder reescrever com as "letras de fôrma" de Gutenberg, como escritor em gestação.

Gosto de pensar que tudo começou naquele dia em que uma professora me elogiou, disse que estava benfeito meu desenho, estava belo, e para a turma disse que quem quisesse, que pedisse para eu ensinar como é que fazia as frutinhas assim vermelhas. Quando tocou o sino para o recreio, a menina ao lado me perguntou o segredo das frutinhas, e mais outra se chegou, e outra, me vi cercado de meninas, a ensinar meu segredo. Como elas pintavam as frutinhas sobre a árvore já pintada de verde, o vermelho se misturava ao verde e as frutinhas ficavam roxas ou coisa que o valha, e elas logo aprenderam, me agradeceram com sorrisos e olhares que me fizeram flutuar.

Eu sairia da sala já correndo para o refeitório, finalmente as pernas sem as amarras da vergonha e do medo, porque eu era alguém que fazia belos desenhos, com belas frutinhas vermelhas como as do sagu que comi com gosto, embora depressa, para depois ir correr no pátio da minha nova escola.

Mas, pela vida afora, muitas vezes contrariei esse primeiro ensinamento que recebi na escola, elogiar. Só depois dos cinquenta anos me dei conta de que elogiar produz muito mais resultados do que criticar. Muitas vezes comprovei, então, os surpreendentes resultados de elogiar o que é benfeito, em vez de criticar o malfeito, pois então o benfeito naturalmente vai tomando espaço ao malfeito, e indica novos rumos à pessoa, gratificada pelo reconhecimento e pela autoestima. É preciso que o elogio, claro, seja verdadeiro e sincero, mas sempre há algo que elogiar mesmo no mais relapso e rebelde dos alunos. É como o carinho que rompe a casca do rancor, o sorriso que rompe o muro da raiva, a ponte que oferece caminho ao espiral da amargura.

Não é à toa que minha primeira lembrança escolar venha só depois de um semestre de aulas, quando fui recebido com um elogio numa escola estranha. Por isso, apelidei aquela professora de dona Benvinda, mulher sem rosto, anônima e inesquecível.

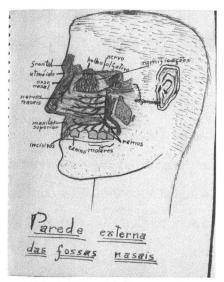

*Uma lufada de ar me atingia,
com o cheiro dela...*

2. Só pra contrariar

Curioso é que o próximo professor que me marcou usou o contrário do elogio, a reprovação. Mas, mais curiosamente ainda, foi o que me salvou de reprovar o ano letivo.

Minha mãe já tinha se mudado para Cornélio Procópio, cidade perto de Londrina, onde fiz o quarto ano do então primário no Instituto Rui Barbosa e depois começaria o então ginásio no Colégio Estadual Castro Alves.

Tinha ficado apenas dois anos em Assis, na arenosa terra paulista, e já estava de novo na terra-vermelha do norte do Paraná, e as mudanças também aconteciam na família. Meu pai começou a nos visitar, depois dos primeiros anos de separação quando eles nem mais se viam e eu e a irmã íamos passar as férias com ele em Londrina. Cada visita dele, porém, acabava em discussão com a mãe, chilique dela, retirada repentina dele, às vezes mal tendo tempo de nos dar um aceno.

Então desconfio que eu era um menino triste quando passei pelas escolas de Cornélio. O Instituto funcionava numa rua paralela à rua central da cidade, onde mãe e filha, dona Iolanda e dona Maria Aparecida, moravam numa casa de madeira, nos fundos, e usavam a casa da frente para as duas salas de aula, para a terceira e quarta séries pela manhã, e para a primeira e segunda séries à tarde. Uma escola familiar, até porque algumas mocinhas, filhas de fazendeiros e sitiantes, também moravam na casa dos fundos, como estudantes internas.

Nossa sala de aula era na frente da casa, e pelas janelas via-se a rua, onde durante uma semana um ciclista argentino ficou pedalando na quadra, indo e voltando, dia e noite, num desses espetáculos de imolação de que tantos gostam tanto. Não sei o que ele ganhava com aquilo, mas nós ganhamos uma distração a passar pela janela a intervalos de minutos, mas nem isso me deixava mais distraído do que a nuca de Lenice, que sentava na minha frente. Ela usava rabo de cavalo, mas alguns pelinhos não se juntavam no feixe amarrado por uma fita, ficavam soltos e encurvados e se mexiam quando ela passava a mão jogando o rabo de cavalo para trás. Uma lufada de ar me atingia, com o cheiro dela, e hoje eu sei que não era apenas o cheiro, era uma torrente de feromônios que eu recebia, ativando a glândula hipófise que eu iria estudar com Ptialina algum tempo depois e... me apaixonei.

Minha primeira paixão teve uma passagem dramática, quando minha mãe inventou de visitar a escola e entrou pela porta no fundo da sala, perguntando se eu ia bem nos estudos, porque eu era muito arteiro em casa, querendo usar só calças compridas, mas ainda arteiro feito um moleque... Até ser levada para fora da sala por dona Maria Aparecida, falou coisas desse tipo, que me deixaram envergonhado a ponto de faltar no dia seguinte.

Em casa, vestia calções e ia, sem camisa e descalço, correr pela rua recentemente asfaltada que ia até a casa de Lenice, já no fim da cidade, onde a rua se tornava uma estrada rural. Era a última casa, com gramado e jardim florido, e ali eu retornava de minha corrida olímpica: andava apaixonado também pela maratona, e me via a liderar a corrida, recebendo aplausos pelas ruas, até a reta final, o último quarteirão já sem asfalto, onde tinha de pisar com cuidado no terreno pedregoso, fazendo o retorno em frente à casa dela, em que nunca vi ninguém, parecia uma casa morta apesar das flores e das janelas abertas.

No desfile de Sete de Setembro, os meninos do Instituto vestiam dólmã branco com botões dourados, calças azul marinho, boné de dois bicos, sapatos de verniz, era a farda de gala usada uma vez só no ano. As meninas desfilavam de vestidos rodados, sapatos brancos também de verniz, com meias altas, e largos chapéus brancos que as deixavam parecendo sinhás de um tempo perdido. E como Lenice ficou linda! Eu fui batendo tambor, e acreditei que, por isso, ela finalmente me enxergaria, mas não, nem um olhar antes ou depois do desfile.

Na escola, o recreio era num pequeno pátio entre as duas casas, quando ela continuava a me desconhecer, discretamente principesca entre meninas barulhentas e desgraciosas. Escrevi para ela longas cartas, que rasgava cuidadosamente logo em seguida. Dormia pensando nela e acordado sonhava com ela. O ano terminou, e no verão o asfalto esquentava, mas o maratonista descalço continuava a correr inutilmente até a casa dela.

Isto era em 1959. Um ano depois, o etíope Abebe Bikila se tornaria o primeiro africano a ganhar a maratona olímpica, correndo descalço... Mas, assim como não me tornei médico depois de me apaixonar por anatomia, a paixão olímpica seria passageira, como a paixão por Lenice, que foi esquecida conforme passavam as férias e porque depois fui para o Colégio Castro Alves e ela não. Nos primeiros meses no colégio, porém, eu devia ser um menino triste por causa da paixão perdida ou recolhida, como dizem, e também por causa das brigas de meus pais.

Quando consegui a segunda nota vermelha em Matemática, o professor Expedito, de quem só lembro o nome e as palavras, pediu para eu ficar depois da aula. Aproximou-se, inclinou-se botando as mãos na minha carteira e perguntou me olhando nos olhos:

— Você acha que é inteligente?

Não lembro o que respondi, ou mesmo se respondi, porque ele logo falou que eu era inteligente, sim, claro, mas, se continuasse sem prestar atenção nas aulas, ia ser reprovado.

— E ser reprovado não é uma coisa inteligente. Você vai perder um ano. Você vai bem nas outras matérias, fui conferir, mas em Matemática vai mal porque é preciso muita atenção e você anda com a cabeça longe. Então eu vou te reprovar se continuar assim, entendeu? Eu não dou moleza, não, eu reprovo mesmo!

Hoje sei que ele espicaçava meu orgulho para eu reagir, e foi o que fiz. Passei a prestar atenção nas aulas, e a estudar em casa, fazer direitinho as tarefas de Matemática, que eu detestava, me dedicando a contrariar a previsão dele, não, eu não ia lhe dar o gosto de me ver reprovado — e, curiosamente, fui gostando de Matemática quanto mais entendia.

Tirei notas tão boas no segundo semestre que consegui média anual acima de 7, passei sem exame. Um dia, vi Lenice na rua. Os peitinhos tinham crescido, parecia uma moça. Passou levando uma sacola, com a mãe, e pareceram duas mulheres desconhecidas. Continuei em frente, e esqueci Lenice como esqueci toda aquela Matemática. Só não esqueci o mestre que soube me cutucar na hora certa do jeito certo. Professor Expedito me deu, pela primeira vez, aquilo que a tanto nos move enquanto temos a mente viva e o coração quente: o desafio.

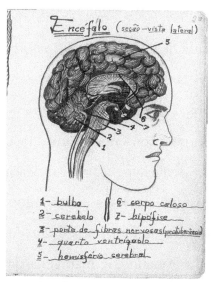

Qual a maior invenção?

3. Do mar ao infinito

Não reprovei em Cornélio Procópio, mas iria reprovar em Marília, novamente no estado de São Paulo, para onde mudamos, e hoje vejo que aquele zigue-zague de cidades — Assis-longe, Cornélio-perto, Marília-longe de Londrina — obedecia aos avanços e recuos na restauração do casamento de meus pais. De qualquer forma, enquanto eles se (des)entendiam entre carinhos e discussões, eu continuava perdendo amigos, ruas e quintais.

Em Assis, com nove anos, já me apaixonara pela leitura, ao devorar duas pilhas de velhas revistas *O Cruzeiro*, onde Davi Nasser mantinha duas páginas de fogo e fúria com seus artigos, e Millôr Fernandes mostrava que todo mundo pode desenhar humor se tiver graça no olhar. Comecei a pedir livros à mãe, e descobri Esopo, o escravo que não sabia escrever e nos legou tantas histórias, como Jesus, que também nada escreveu. Descobri os Irmãos Grimm, La Fontaine, e, maravilha das maravilhas, Monteiro Lobato.

Trepava em árvores, comia frutas no pé, subia nos telhados, navegava nas enxurradas, jogava bete em ruas de terra, mas cada vez mais me debruçava naquela pequena janela para tantos mundos, o livro. E descobri a poesia, por meio de uma coleção de Literatura Universal ou coisa que o valha, que a mãe comprou de um daqueles vendedores que passavam de casa em casa. A coleção, com grandes livros encadernados em capa dura, era formada de antologias: de contos brasileiros, de contos universais, romances, até uma antologia de discursos, e dois volumes que logo se tornaram os preferidos, os de poemas brasileiros e universais.

Assim li Eliot aos doze anos, e Whitman, Baudelaire, Verlaine, Poe, tantos, mas sobre todos me apaixonei pelo condor, Castro Alves, de quem lia e relia os poemas até decorar, sem saber que a palavra *decorar* vem do latim *cor, cordis*, coração. Lia com paixão, principalmente *Vozes da África* e *Navio Negreiro*, os longos poemas abolicionistas.

No Instituto de Educação Monsenhor Bicudo, dona Stela dava aulas de Português, e um dia perguntou quem sabia um poema de cor. Ninguém se apresentou. Ela disse que ganharia um ponto na média quem falasse um poema ali na frente da sala. Levantei a mão, ela sorriu, até hoje me lembro de seu sorriso, juntando as mãos diante do peito e dizendo ah, que bom, vamos ouvir o poema que você vai falar aqui.

— Que poema é e de que poeta?

— *Vozes da África*, de Castro Alves.

Ela me olhou espantada, eu sabia *Vo-zes da Á-fri-ca?*

Balancei a cabeça, confirmando, ela também balançou a dela, como custando a acreditar, e disse então vamos ouvir. A turma se assanhou, pronta para as piadinhas e risadas. Mas eu tinha um vulcão dentro de mim quando abri a boca, a fúria de Castro Alves diante de tanta injustiça, suas palavras de fogo clamando aos céus:

Deus! ó Deus! onde estás que não respondes?
Em que mundo, em que estrela tu te escondes
Embuçado nos céus?
Há dois mil anos te mandei meu grito,
Que embalde desde então corre o infinito...
Onde estás, Senhor Deus?

No começo, mesmo alimentada pela flama do poeta, a voz me saiu fraca, mas foi firmando, lembro perfeitamente, e fui desfiando as estrofes até ela me botar a mão no ombro, olhando o relógio. Era quase fim de aula, não daria tempo para o poema todo: eu podia falar a estrofe final? Falei diante da turma embasbacada:

Basta, Senhor! De teu potente braço
Role através dos astros e do espaço
Perdão para os crimes meus!...
Há dois mil anos... eu soluço um grito...
Escuta o brado meu lá no infinito...
Meu Deus! Senhor, meu Deus!

Ela botou a outra mão no meu outro ombro, encarando, e falou com os olhos úmidos que eu podia sentar. Foi até a escrivaninha, sentou lentamente, anotou:

— Você vai ganhar dois pontos na média. Parabéns.

Ninguém deu um pio, e, saindo para o recreio, um sujeito me cutucou, disse baixinho que também gostava de poesia. Era o Paulinho, com quem passei a trocar livros de poesia. Nos encontrávamos na piscina do Iara Clube, líamos poesia, decorávamos os poemas-piada de Drummond e Bandeira, sonetos de Augusto dos Anjos, poemas de Vinicius. No colégio, sentávamos no recreio olhando os outros a correr e brincar como seres estranhos, de outra espécie.

Nas aulas de dona Stela, primeiro Paulinho e depois alguns outros falaram poemas curtos, ganhavam seus pontos na média. Quase no final do semestre, dona Stela chamou como sempre para mais um poema, e ninguém se apresentou. Ela balançou a cabeça inconformada, vários tinham notas vermelhas, podiam melhorar a média apenas decorando um poema e... Bem, ela suspirou, olhou para mim:

— E você, Domingos, sabe mais algum poema de Castro Alves? Qual?

— *Navio Negreiro.*

A cena se repetiu, ela se espantando, perguntando se eu sabia *Na-vi-o Ne-grei-ro* de cor. Confirmei, ela indicou a frente da sala, onde me botei de novo e comecei já com a voz firme:

> *'Stamos em pleno mar... Doido no espaço*
> *Brinca o luar — dourada borboleta —*
> *E as vagas após ele correm... cansam*
> *Como turbas de infantes inquietas.*

Novamente era fim de aula, ela pediu a estrofe final, e me enganei falando a penúltima estrofe de que gostava e gosto tanto:

> *Auriverde pendão de minha terra,*
> *Que a brisa do Brasil beija e balança,*
> *Estandarte que a luz do sol encerra,*
> *E as promessas divinas da esperança...*
> *Tu, que da Liberdade após a guerra*
> *Foste hasteado dos heróis na lança,*
> *Antes te houvessem roto na batalha,*
> *Que servires a um povo de mortalha!...*

Novamente com os olhos úmidos, ela ficou me olhando e balançando a cabeça, até dizer, no absoluto silêncio da turma, que aquela não era a última estrofe, mas não fazia mal, eu ia ganhar de novo dois pontos na média. Foi anotar, aí riu:

— Você já está com média 9, não posso dar 11...

Tocou a sirene, com um gesto ela me mandou esperar, a turma saiu, lembro de Paulinho ficar na porta, curioso. Ela sentou na carteira ao meu lado, perguntou se eu sabia mais poemas de cor. Falei que sim. Ela perguntou de que poetas, falei, seus olhos novamente umedeceram.

— Eu também amo esses poetas, Domingos, também sou apaixonada por poesia. E você tem um dom, sabia? Não sei se será o dom de escrever, ser poeta, não sei se será o dom de declamar, ser ator, não sei, mas sei que é um dom. Cuide do seu dom, Domingos, alimente o seu dom, que é divino.

As três palavras ficariam na lembrança, *dom, divino, alimente*. Eu já não me satisfazia com meus poucos livros nem com as trocas de livros com Paulinho, e ela respondeu a pergunta que não fiz:

— Conhece a Biblioteca Pública?

A aula de Trabalhos Manuais era tão aguardada como a de Ciências Naturais. O professor tinha cabelos negros e lisos, lustrosos e divididos no meio da cabeça como o mágico Mandrake dos gibis, e fazia suas mágicas com as nossas mãos. Nos mandava trazer barro branco dos riachos que então a gente achava logo depois das últimas casas da cidade, ainda não canalizados pela urbanização incontrolável que viria depois, quando o povo da roça mudou para as cidades. Mandava a gente bater o barro em casa, marombar, verbo que também nunca esqueci e acabaria colocando numa poesia[1], onde aparece também o *alimento* — cultural ou espiritual — recomendado por dona Stela:

Ali quando dou
pipoca aos pombos
sou eu quem estou
me alimentando

Pombas por que
não nasci eu
simples pomba
talvez pitomba

---

[1] Em *Gaiola aberta*. Editora Bertrand Brasil.

bumbo de fanfarra
barro de maromba
formiga ou cigarra

Fico pensando
pipocas e pombos
cabeça voando

Além do barro marombado, a gente tinha de levar uma tábua redonda, para girar sobre a carteira, dando forma a uma bolota de barro, até virar vaso, cinzeiro, escultura, enfeite, qualquer coisa que saísse da nossa imaginação — porque, dizia Mandrake, o trabalho manual não sai só das mãos, sai da cabeça também.

Ele ia de carteira em carteira, com as mangas do guarda-pó arregaçadas, ensinando a molhar o barro com a água que cada um também levava numa garrafa. O barro ia embrulhado em pano úmido, conforme instruções precisas dele, meticuloso como um relojoeiro.

Durante várias aulas fazíamos nossos trabalhos em barro, ele sempre anunciando que o melhor trabalho de cada um ele levaria a um forno, depois traria de volta para pintura.

— E vocês poderão dar de presente à vossa mãe, no Dia das Mães.

Lembro que dei à mãe um vaso pintado com flores, que depois se perderia ou seria quebrado na mudança de volta a Londrina, quando ela voltou a morar com o pai. Mas nada me tirou o gosto de ver o barro tomar forma nas mãos, obediente à cabeça, lição de criação e poder.

Alunos "ricos", que moravam no centro da cidade, alguns até nos primeiros prédios de apartamentos — apartados dos quintais, campos e riachos — não traziam barro, e então Mandrake pedia para eles um pouco do barro em excesso trazido pelos alunos moradores da periferia, lá onde as casas já beiravam os riachos.

Depois do barro viriam o tecido em papel, feito com folhas cortadas em fitas, por onde a gente passava outras fitas de cores diferentes, formando *gregas* cada vez mais complicadas.

Depois viriam os trabalhos em madeira, que exigiam comprar serrinha, madeira, cola, lixa. Então ele dizia, aos que tinham ganhado barro dos colegas, que agora era a hora de retribuir, dando madeira (para os pobres que não tinham como comprar), e comandava a formação de duplas:

— Fulano, sente ao lado do Ciclano. Podem somar as ideias, usar a mesma serra e dividir a cola e a lixa.

Assim pobres e ricos aprendiam a cooperar sem que se ouvissem palavras como pobreza ou carência. E de nossas mãos surgiam pequenos caminhões, carros, móveis, bandejas e fruteiras, porta-ovos, caixas com tampas, suportes para panelas, molduras, tudo muito bem lixado, com nossos nomes pirografados nalgum canto. Era uma glória chegar em casa e dizer à mãe:

— Tome, fiz pra você.

Além do prazer e do poder de criar, com Mandrake aprendi também a respeitar e me fazer respeitado. Por causa dos poemas declamados nas aulas de dona Stela, eu tinha ganhado o apelido de Poeta, que alguns falavam com naturalidade, outros com uma mistura de rancor e inveja. Um deles tinha o apelido de Turco, maior que eu, peludo, com uma penugem negra sobre os lábios e os cabelos caídos na testa. Numa aula de Trabalhos Manuais, lidando com madeira, levantei da carteira para serrar com o corpo curvado, ele me passou a mão na bunda. Falei pra não fazer de novo, e de novo ele fez, dei-lhe um murro na cara, o que também me ensinou que deve-se esmurrar com a mão bem fechada para não destroncar os dedos.

Ele caiu da carteira, e imediatamente uma clareira se abriu, os outros dando espaço para a briga, mas antes que ele levantasse Mandrake veio lá da frente, tão rápido que o guarda-pó voejava, e levantou o Turco pelo braço, me pegando pelo cangote da camisa, tirávamos o paletó na aula de Trabalhos Manuais. Perguntou o que é que estava acontecendo, ficando loucos?

— Ele me passou a mão na bunda, professor.

— E aí você deu um murro na cara dele! Um não respeitou a bunda, outro não respeitou a cara! Mas toda parte do nosso corpo é sagrada e merece respeito! Acima da bunda tem uma pessoa, e atrás da cara também! Pensem nisso! — e juntou nossas cabeças, chacoalhou e nos levou para a porta, nos jogou no corredor, ele, que parecia a encarnação da calma, um *gentleman* como o Mandrake dos gibis, que jamais usava a violência.

Um dia, um colega tinha tido uma convulsão, e ele tinha socorrido, agachando no meio de nossa roda de curiosidade e espanto, enfiando o dedo na boca do epiléptico para puxar a língua, com calma e eficiência como fazendo mais um trabalho manual. Agora, era um homem não raivoso, mas bravo, que nos botava para fora da sala: tínhamos conseguido quebrar a mágica do Mandrake!

No longo corredor, olhamos para um lado e outro, nenhum fiscal à vista, fomos quietinhos para o pátio, ficamos num canto fora de vista. Desculpe, ele falou. Desculpe também, falei. Ele soltou um risinho:

— A cara e a bunda... — e estendeu a mão, apertei com a mão esquerda, que a direita doía do murro.

Trabalhos Manuais era sempre na última aula, para a gente suar ou se sujar à vontade, e, quando a sirene tocou, saímos e na rua fomos cercados pela turma abrindo clareira para a briga. Mas o Turco falou que não ia ter briga nenhuma, me estendendo de novo a mão, que novamente apertei, a turma dispersou. E o Turco, cujo nome não lembro, virou amigo de sala de aula e recreio, me ajudando em Matemática.

Com mestre Mandrake aprendi que o barro toma a forma que você quiser, e o coração também.

Dona Rosinha era viúva e continuava vestindo luto ano após ano, diziam. No primeiro dia de aula, entrou e deu bom-dia, que como sempre respondemos em coro e em pé, como era costume naquele tempo. Depois nos encarou um a um, dizendo bem devagar que aquele bom dia seria a última palavra que falaríamos em Português nas suas aulas de Francês.

— Vocês vão falar Francês duas vezes por semana daqui por diante, é perfeitamente possível quando a gente quer pra valer. Na próxima aula, quando eu entrar, quero que todos falem *bonjour* em vez de bom-dia. E agora vão responder a chamada em Francês, dizendo como se chamam. Em Francês, *eu* é *je*, *me chamo* é *m´apelle*, portanto eu chamarei o nome de cada um, que responderá *oui, je m´apelle...* dizendo também o próprio nome, entendido?

E depois do *je* já aprendíamos *tu, elle, nous, vous, elles*, e ela indicava:

— Domingos, levante e diga como se chama o seu colega do lado. *Il s´apelle...*

Ela nunca sorria, e nos levou ano afora falando Francês, repetindo palavras até aprender a pronúncia correta, lendo histórias e poemas, nas nossas aulas mais silenciosas, pois qualquer piadinha ou riso recebia uma arguição instantânea:

— Domingos, se está achando alguma coisa engraçada, nos diga o que é, em Francês, claro. Ah, nada?

Então nos diga o que estávamos falando. Ah, não sabe? Um ponto a menos na prova oral.

Sim, havia provas escritas e orais. E havia o temor de repetir de ano por causa apenas do Francês, diziam os das turmas adiantadas. Ela não perdoava. Ela era má, diziam uns. Descontava na gente o sofrimento da viuvez. Era uma megera, disse Paulinho, palavra que também nunca mais esqueci. Como também não esqueceria a pronúncia correta em Francês, até porque treinei por conta própria, lendo em casa poemas franceses de livros emprestados da Biblioteca Pública, tornou-se uma paixão ler em Francês, passageira e deliciosa paixão.

Um dia, várias décadas depois, visitando o Museu do Muro, em Berlim, onde as novas gerações podem rever o absurdo que foi o Muro de Berlim, parei diante de um vídeo com legendas em Francês, e fui lendo em voz baixa. A guia que me acompanhava se espantou, eu falava Francês?

— Falar, falo, expliquei, mesmo não entendendo direito o que estou lendo.

Sua pronúncia é perfeita, disse ela, e revi dona Rosinha em seu vestido negro e seu único sorriso, que dava no final da última aula do ano, quando nos dizia (em Francês, claro) que sentia orgulho de ter uma turma tão atenta e estudiosa. Para a gente, era um milagre ter chegado ao final do ano sem realmente falar uma só palavra em Português naquela aula, quando na aula de Inglês a coisa era meio a meio, aprendíamos — ou não — falando em Português e Inglês alternadamente.

Continuei a apreciar as coisas do Museu, as engenhocas que os alemães bolavam para cruzar o Muro, túneis, balões, esconderijos em carros, e de repente a guia me perguntou o que estava achando engraçado naquilo, eu tinha ainda na cara o sorriso de lembrança de dona Rosinha. Expliquei que não estava sorrindo daquilo ali, mas de alguém no passado. Perguntei se muitas das tentativas de cruzar o Muro tinham dado certo, e ela disse que sim, havia até um sujeito que tinha tentado várias vezes, sendo preso depois de cada vez, até conseguir.

— É — falei. — A gente consegue quando quer pra valer — e comecei a chorar lembrando de dona Rosinha, e a guia ficou em respeitoso silêncio, passando a me tratar com solidária reverência dali por diante, decerto pensando que chorei por causa dos alemães e seu Muro. Alemães e franceses tiveram guerras e mantêm uma histórica antipatia mútua, e fiquei pensando o que pensaria aquela alemã se eu lhe contasse que chorei, no Museu do

Muro de Berlim, lembrando da minha professora e nossa paixão pelo Francês, que me ensinou que tudo é possível quando queremos. Pra valer.

A Biblioteca Pública Municipal de Marília ficava numa rua paralela à avenida principal, com um grande salão de móveis escuros, as estantes de livros enfileiradas depois de uma cerquinha de madeira. Numa escrivaninha ficava o bibliotecário, a quem perguntei onde estavam os livros de poesia, ele perguntou que livro eu procurava, falei qualquer um, ele apontou o fichário, eu escolhesse então.

Escolhi no fichário alguns livros, entreguei o papel com as anotações, ele levantou e vi que usava aparelhos nas pernas. Foi mancando até uma estante encostada na parede, pegou um livro, procurou, pegou outro, procurou, com dificuldade para se abaixar e para enxergar as lombadas dos livros mais altos.

À tarde eu ia ao clube, para a piscina e o basquete, mas levava algum livro emprestado da biblioteca, aonde voltava à noite, depois da janta. Escolhia no fichário mais alguns livros de poesia, para folhear sentado numa das mesas de leitura, entre estudantes fazendo pesquisa escolar e os usuais leitores de jornais e revistas. Toda noite, lá estava eu pedindo mais alguns livros de poesia, misturando romantismo, parnasianismo, simbolismo, modernismo... e lá ia ele procurar os livros na estante. Até que uma noite falou com muito respeito, como se eu fosse mesmo um senhor:

— O senhor, pelo jeito, vai acabar lendo toda nossa seção de poesia, vários livros por noite. Por que, então, não lê por palmo? Eu dou ao senhor meio palmo de poesia por noite, uns três ou quatro livros, e não preciso ficar procurando, o senhor não precisa ficar esperando. Pode ser?

Concordei e, dali por diante, eu passava pela porta, ele já levantava e ia pegar mais "meio palmo de poesia" na estante, a partir do ponto onde botava um papelzinho indicando a última palmeada... O papelzinho ia trilhando as fileiras da estante, de cima para baixo, até que na última fileira ele precisava pedir ajuda a uma auxiliar, não conseguia se abaixar.

Uma noite, o papelzinho chegou ao final da última fileira, e ele falou sério:

— O senhor acabou com nossa seção de poesia. Quer recomeçar?

Falei que não, ia reler só alguns livros. Escrevi a relação, ele olhou, disse que eu tinha bom gosto, buscou os livros. Logo depois, minha mãe e meu pai se reconciliaram, voltamos a morar juntos em Londrina, onde me formaria em Letras, seria jornalista e escritor, sempre usando as letras, alimentado pela poesia.

Mais de quatro décadas depois, em 2005, dando palestra no Congresso Nacional de Biblioteconomia, em Curitiba, conto a história do bibliotecário que me dava livros "por palmo", conto como ele andava mancando até a estante e voltava com um meio sorriso, digo que gostaria de saber o nome dele, já que se tornou uma lembrança tão querida. Continuo a palestra, até que alguém me entrega um bilhete:

Domingos, o nome do bibliotecário de Marília era João Mesquita Valenca, que hoje é o nome da Biblioteca.

Tive de interromper a palestra por alguns momentos, para me recuperar da emoção ou para gozar a emoção. Agora minha paixão pela poesia tinha um patrono com nome e sobrenome.

Inesquecível também seria aquela que chamo de Patalógica, pois parecia a Magda Pata*lógica*, com seus cabelos negros escorridos, magra e com olheiras, uma bruxa pedagógica. Ela substituía outro professor, no meio do ano, e certamente foi alertada sobre a indisciplina da turma, com muitos engraçadinhos, lideranças em disputa, panelinhas e repetentes. Então chegou já fria e cortante, semblante duro, anunciando que não teria qualquer remorso de fazer repetir metade da turma se continuássemos a bagunçar como com o professor anterior. Era muito *lógica* ao falar escrevendo no quadro-negro os teoremas algébricos, sem vacilar, sem gaguejar, parecia uma máquina de raciocinar, e eu fui me apaixonando por álgebra, talvez porque me parecia uma Matemática diferente, quase sem números e com muitas letras.

Logo me tornei o melhor da classe em álgebra, que era a matéria do mês, e ela me chamava para resolver teoremas no quadro. Virei exemplo didático. Pela primeira vez, tinha notas altas em Matemática.

Até o dia em que ela foi chamada à diretoria, então passou uma tarefa rapidamente e, antes de sair da sala, parou ao lado de minha carteira, abaixou-se, me dando uma folha de papel, e pediu em voz baixa:

— Domingos, você é o melhor aluno desta turma mais bagunceira do colégio. Então anote para mim os nomes de quem fizer bagunça.

Bem, nos gibis que eu lia e nos filmes que eu via, e no mundo de jovens machos em que eu vivia, ser delator era pior que ser maricas. Ser cagueta era ser odiado por todos, condenado a viver pelos cantos, não fazer parte de nenhuma roda ou brincadeira, sempre merecendo apenas indiferença e desprezo ou explícita rejeição.

Quando ela voltou, abrindo a porta de repente, haveria alguém pendurado no candelabro se a sala tivesse candelabro. O quadro-negro estava todo rabiscado, com desenhos e até palavrões, aviõezinhos voavam, as fileiras de carteiras estavam desalinhadas, alguns estavam trepados no janelão, outros sentados no tampo das carteiras, e ela arregalou os olhos patalogicamente. Enquanto eles se aquietavam e voltavam aos seus lugares, ela entrou e parou ao meu lado:

— Cadê a lista?

Dei a ela o papel em branco, e ela também embranqueceu, bufou e foi para a frente, dizendo que, realmente, se fosse para anotar os nomes de quem fazia bagunça, teria de anotar os nomes de todos! E balançou a cabeça me olhando com gelada decepção, depois voltou a botar teoremas no quadro.

Daquele dia em diante, virei um demônio na aula de Matemática. Não prestava mais atenção, conversava aos cochichos ou trocava bilhetinhos enquanto ela escrevia ou lia com um livro pousado nas coxas, tudo para ignorar e desprezar a bruxa que tinha tentado me converter em cagueta.

Ela tinha se guiado pela lógica simplesmente: *o melhor da turma logicamente há de me ajudar a controlar a turma.* Mas eu andava disciplinado por ter me apaixonado pela álgebra, não por ser apaixonado pela disciplina. E com uma coisa ela tinha conseguido matar a outra em mim. Entre perder uma paixão ou perder a simpatia dos colegas, entre o apelo adulto da escola e convívio adolescente, fiquei com eles, rifei elas, a pata lógica e a algébrica paixão.

No fim do ano ou do ano seguinte, não lembro mais, estava com notas vermelhas em Matemática, fiquei para exame de segunda época. Claro, ralhou a mãe, passava as tardes no clube e as noites na biblioteca! Então agora, nas férias, ia passar a manhã em aulas particulares, para não arriscar repetir mais um ano. (Naquele tempo, ser repetente uma vez era perdoável, podia ser por doença, problemas familiares, mudança, mas repetir duas ou mais vezes era sinal de quem "não dava pra estudo", portador de burrice ou preguiça irremediáveis. Não se culpava a escola, como hoje, quando a indisciplina e a rebeldia grassam epidemicamente nas salas de aulas, com turmas enojadas de decorar teorias que jamais usarão na vida... enquanto o mundo real pede conhecimentos práticos, trabalho em equipe, inteligência também emocional, relações interpessoais, espírito de iniciativa, empreendedorismo, criatividade...

As aulas particulares eram na casa do professor, que era perto do cinema, o dever vizinho do prazer. Fui para a primeira aula com o discurso da mãe ecoando na cabeça, que eu não era filho de rico, não, tinha de estudar para ser alguém na vida, não tinha mais desculpa para repetir de ano, estudasse ou ia trabalhar nas férias, nem que fosse varrendo chão e limpando privada. Passei pelo cinema fechado, olhei os cartazes, templo de tantos prazeres, e fui para a casa do dever.

A primeira surpresa, na casa do professor, foi descobrir que teria colegas, uns quatro ou cinco, sentados em carteiras duplas numa área de serviço ou coisa que o valha, pois lembro de vassouras e baldes por ali. Mas logo esqueci do ambiente, transportado para a geometria a partir do mais simples e fundamental ponto de partida, o próprio ponto. No colégio, a Geometria tinha começado com figuras geométricas e problemas, soma de ângulos, medidas de superfície, equações e teoremas gregos que pareciam tão antigos quanto inúteis.

Mas o professor particular, que chamaremos de Mister porque tinha elegância e charme, começou pelo ponto. Vestia guarda-pó branco, mesmo para aquelas aulas em casa, e usava uma varinha como batuta de maestro para apontar no pequeno quadro sobre tripé. E começou perguntando qual é a maior invenção. Chutamos:

— O fogo.

— A roda.

— A linguagem.

É uma invenção anterior à linguagem, disse ele:

— É o ponto — e cutucou o quadro com um pingo de giz. — Só que o ponto não existe, a não ser na nossa cabeça. O ponto é uma invenção teórica, uma teoria humana, mas é a maior das nossas invenções. Tudo nasce do ponto. Aqui está o ponto. Vamos colocar outro ponto do lado.

Calcou o giz, botando outro ponto ao lado do primeiro. E mais outro, outro, outro, até...

— ... que formamos o que com tantos pontos enfileirados?

— Uma reta — arriscou alguém.

— Certo, uma reta ou uma linha. É nossa segunda maior invenção. Pontos enfileirados formam uma linha. Vamos agora traçar outra linha cruzando com esta. Formamos o quê?

— Uma cruz.

— Certo, e a cruz pode ser cortada por outras linhas, formando triângulos. Quadrados. Retângulos. Trapézios. Pentágonos. Hexágonos. Poliedros.

Aí o quadro estava cheio de figuras.

— Mas essas figuras existem só na nossa imaginação, na natureza não existe reta nem quadrado nem nenhuma dessas figuras. O tronco de árvore que parece reto não é na verdade reto, é cilíndrico, e é mais grosso embaixo que em cima. Você olha o horizonte, parece retinho, mas não é, porque é parte de um planeta curvo, então é curvo, mas tão levemente curvo, porque só vemos um pedacinho de sua imensa curvatura, que até parece reto.

Então pegou um grande compasso de madeira, fincando no quadro o braço ponteado com prego, girando o outro braço com giz na ponta, desenhou um círculo.

— Quantos lados tem um círculo?

Esperou.

— Nenhum lado porque não é figura com reta. Ou dois lados? O lado de dentro e o lado de fora... Ou o lado de cima e o lado de baixo? Ou infinitos lados? Sim, porque se a linha reta é formada por pontos, a linha curva também é, então o círculo tem infinitos lados, ou seja, cada ponto da linha é um lado do círculo. E todos esses pontos estão à mesma distância de um ponto central. O alvo de tiro ao alvo é uma série de círculos de tamanhos decrescentes com o mesmo ponto central, certo?

Traçava um alvo no quadro.

— Agora olhem esse alvo e imaginem que cada círculo é um prato.

Pegava ali do lado um grande prato de refeição, um prato menor, um pequeno prato de sobremesa, um pires, empilhando e formando...

— ... o quê? O que formamos empilhando círculos de tamanhos cada vez menores? Uma pilha de pratos (ele se adiantava às nossas piadinhas) ou o quê?

— Um cone — arrisquei, e ele sorriu com os olhos faiscando.

— Claro, um cone! E se os círculos forem de tamanhos iguais, formamos o quê? Isso que vocês têm aí nas mãos, o que é?

— Caneta? Lápis?

— Cilindros! Se na natureza não existem linhas retas nem círculo, que é a curva perfeita que gira em torno de si mesma, na Humanidade tudo é formado de retas e círculos e seus filhotes, cilindros, colunas, eixos, cones, espirais, cubos, tijolos! Vocês estão sentados em bancos de tábuas retas, pregados por pregos cilíndricos com cabeças retas pra receber as marteladas e pontas em ângulo agudo para penetrar na madeira! Estão numa casa feita de tijolos retangulares, empilhados em linha formando as paredes, unidos por uma massa que foi misturada numa betoneira redonda. E nós vamos estudar geometria para entender como essas coisas se juntam, com seus ângulos e superfícies, suas formas e transformações, porque tudo que usamos vem da união de retas e curvas se transformando em alguma coisa útil para melhorar nossa vida. Procurem alguma coisa que não seja mistura de retas e curvas, e não precisam pagar pelas aulas!

Olhávamos com novos olhos nossos cilíndricos lápis, o quadro-negro retangular, os cadernos com suas linhas enfileiradas, a lâmpada curva como um fruto a pender do teto por um reto fio.

— O quadro-negro é só formado por retas, não tem nada curvo — falei já me imaginando a botar de volta na mão da mãe o dinheiro das aulas.

— Mas — ele piscou matreiro — e essas tábuas retas que formam o quadro-negro não foram cortadas por serras circulares?... E as rodas do carro, que parecem só feitas de linhas curvas, também não são sustentadas por um eixo cilíndrico e reto?

Minha cabeça fervia olhando em redor, tentando lembrar de alguma coisa só reta ou só curva, e lembrei:

— Bola! Bola não tem reta.

— Mas — ele se curvava para nós como criança se curvando para o brinquedo — a bomba que enche a bola não tem uma vareta reta para penetrar? E a esfera, a bola, é formada de infinitos círculos girando em torno do mesmo ponto central, ou seja, a superfície da esfera está à mesma reta distância do centro! Como cada lado do cubo é formado de infinitas linhas enfileiradas, cada uma formada por infinitos pontos, correndo paralelas para o infinito... Tudo a partir do ponto, como em Física estudamos que tudo começa com o átomo, e em Química estudamos que tudo começa com a molécula... Então vamos voltar ao ponto.

Apagou o quadro com o apagador de linhas retas, levantou, com um gesto curvo, o cilíndrico giz... e novamente calcou um ponto.

— Vejam como a ideia de ponto é importante pra nossa vida. Como é que nós fomos criados?

Havia uma menina, e ele agachou diante dela:

— Hem? Como é que você foi parar dentro da barriga da sua mãe?

A menina ruborizava, ele sorria:

— Você foi parar lá porque um dia, num determinado *ponto* desta cidade, seu pai viu sua mãe, e conversaram e marcaram um novo *ponto* de encontro. Seu pai chegou *pontualmente*, mas sua mãe demorou um pouco, pra fazer charme, e foram conversando, vendo que combinavam em vários *pontos*... E logo ele quis pegar na mão, e beijar, mas ela falou que, a partir de certo *ponto*, só se ele dissesse que estavam namorando firme, e ele concordou. Depois eles noivaram[2], casaram, e seu pai, como dizia minha vó, um dia plantou uma sementinha num certo *ponto* da sua mãe, porque se fosse em outro ponto você não nasceria...

---
[2] Naquele tempo se noivava.

Nos deixava a gozar aquilo, entre sorrisos e olhares, enquanto tomava café de uma garrafa térmica, voltava ao ponto:

— Imaginem os homens pré-históricos diante de um rio por cruzar, para poderem ir pegar frutas maduras do lado de lá. Mas a correnteza é forte, então eles procuram um *ponto* em que o rio esteja mais raso, apesar de mais largo. Um mais forte atravessa primeiro, levando um cipó com uma ponta, ou seja, o *ponto* final da corda, amarrada numa pedra no lado de cá, para amarrar a outra ponta numa árvore do lado de lá, e até os mais fracos e velhos poderão passar pela correnteza segurando no cipó esticado entre dois *pontos*, ou seja, a primeira das pontes!

Um gibi passava diante de nossos olhos olhando o ponto no quadro.

— Agora imaginem aquela tribo comendo apenas frutas... Precisavam de carne, para desenvolver o cérebro e os músculos, para sobreviver naquele mundo de bichos enormes e ferozes! Mas eram tão pequenos, não tinham garras nas mãos nem presas na boca, como os outros animais. Não tinham a força nem as armas dos grandes bichos nem a ligeireza e o veneno dos pequenos... Mas tinham a inteligência, então criaram armadilhas, emboscando ou capturando os pequenos bichos em certos *pontos*, surpreendendo antes que fugissem, e abatendo com pedradas ou pauladas os grandes bichos com golpes certeiros em *pontos* fracos.

A gente via um filme na tela do quadro-negro.

— Agora vejam a tribo voltando para a caverna, um *ponto* seguro na encosta da montanha, onde os bichos não alcançam, e de onde podem ter um *ponto* de vista para todo o vale, para localizar caça ou se prevenir de inimigos. Na boca da caverna amontoaram várias pedras grandes, para camuflar a entrada, e para isso usaram alavancas, paus que, colocados num *ponto* do solo, fazem nossa pouca força muscular incidir sobre um *ponto* da pedra, empurrando e até levantando grandes pesos que, de outro modo, nem conseguiríamos mover.

Ali na aula particular não havia sirene, não havia horário, e aquela aventura se desenrolava ponto a ponto:

— E os homens trouxeram um grande bicho para assar na caverna, usando um pau para amarrar o bicho e carregar sobre os ombros, um pau entre dois *pontos*. Mas onde botar a fogueira? O fundo da caverna não é um bom *ponto*, vai enfumaçar o ar que respiram. Fora da caverna não é bom, a noite é fria, há velhos e crianças a proteger. Na boca da caverna parece ser o melhor *ponto*, pois a fumaça sairá para fora, o calor aquecerá a caverna e o fogo espantará os animais noturnos...

— Mas um dia uma tribo inimiga atacará, roubando mulheres e matando vários homens, roubando peles preciosas no inverno. Então a tribo resolve fazer uma paliçada na frente da caverna, enterrando paus em semicírculo, ou seja, em *pontos* em linha no solo. Os paus são pontiagudos, aguçados com machados de pedra, ou seja, pedras amarradas num pau por cipós que se cruzam num mesmo *ponto*. Afiando a ponta dos paus, descobrem então a lança, que pode abater melhor a caça golpeando fundo nos *pontos* mortais. E, ao assar a carne, descobrem que, se não assarem demais e for enfumaçada, durará muitos dias, podendo ser levada de um *ponto* do vale para outro, permitindo que caminhem à procura de novos lugares sem necessidade de caçar para comer, inventando então as viagens.

— Então vamos ver quantos pontos existem na língua! — nos dando dicionários, onde íamos lendo e falando alto como garimpeiros de palavras:

— Ponto final.

— Ponto de jogo.

— Fazer ponto.

— Bater ponto.

— Ponto de comércio.

— Ponto de estudo.

— Livro de ponto, assinar o ponto!

— Ponto de teatro!

— Ponto de bala!

— Ponto de candomblé!

— Ponto de táxi!

— Ponto de apoio.

— Ponto de honra!

— Ponto culminante!

— Ponto morto!

— Ponto equinocial!

— Pontos de fusão, de ebulição e de congelamento!

— Ponto de imersão.

— Ponto de mira.

— Ponto de vista.

— Dar ponto.

— Dormir no ponto...

— Entregar os pontos.

— Não dar ponto sem nó.

— Pôr os pontos nos is.

— Ponto por ponto.

— Então — ele abria os braços, o guarda-pó se abria como asas brancas — se com o simples ponto fazemos tanto, imaginem com o resto das figuras então! Por isso vamos estudar uma por uma, a começar pelo triângulo de três lados iguais! *Iso* é *igual* em grego, então triângulo isósceles é o que tem dois lados iguais, portanto dois ângulos iguais também. Por exemplo...

Apaixonado por geometria e pelo professor, eu aprenderia Matemática e, de resto, palavras em grego e latim, noções de História, Arquitetura, Biologia, tudo se misturando num caldeirão sem disciplina nem horário. A aula, sem intervalo, começava às nove da manhã e acabava quando o cheiro de almoço vinha da cozinha, ele passava a mão na barriga e dizia que era hora de alimentar os neurônios.

Passei bem no exame de segunda época, e, mesmo vocacionado pelas letras, ganhei uma tal simpatia pelos números que faço todas as contas da vida de cabeça, tão rápido quanto alguém com calculadora, e controlo a conta bancária apenas olhando os extratos.

Os números, as figuras geométricas, os teoremas e equações nunca mais me assustaram. Do meu ponto de vista, são parte dessa ponte em construção permanente, com duas pistas, a paixão e a razão, correndo juntas para o infinito.

(Ficou bonito, hem? Estiloso. Grandiloquente. Como quando comecei a escrever, naquele começo de 1964, quando a Matemática, a Biologia, o Francês, a Geografia e a História, que também me encantavam, seriam todas superadas pela paixão pelas artes e por um exercício que disputaria com a piscina e o basquete: a escrita, a literatura não só consumida, como na leitura, mas criada por mim mesmo, como conto no próximo capítulo.)

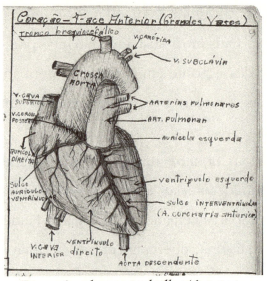
*Esse músculo que trabalha já antes
de a gente nascer...*

4. Ptialina

— Quantos lados tem uma flor?

Ele usava o guarda-pó aberto, de modo que a gente via suas camisas fora das calças.

Ele ia ao colégio de moto, naquele tempo em que, em Marília, só guardas rodoviários usavam moto; então estava sempre com os cabelos varridos de vento, o que lhe dava mais cara de cientista maluco.

No primeiro dia de aula, quando entramos no laboratório, ele estava com um estetoscópio nos ouvidos, ouvindo o próprio coração. Assim ficou, indiferente aos murmúrios e risos, até se perguntar:

— Por que dizem que o coração bate se o coração não é tambor nem tem baqueta pra bater?

Então começou nos falando do coração, esse músculo que trabalha a vida inteira sem parar, mesmo antes de a gente nascer, já batendo na barriga da nossa mãe, como os pulmões também trabalham a vida inteira desde o nascimento, sem a gente precisar se preocupar com isso, tudo automaticamente comandado pelo cérebro, esse piloto incansável que continua funcionando até quando dormimos e sonhamos.

— Você acorda de manhã e vai lavar o rosto e escovar os dentes, e enfia a roupa, tudo sem pensar, porque o cérebro automatizou isso. Já pensou se você tivesse de pensar pra fazer cada coisa? Acordei, agora vou lavar o rosto, vou pegar o sabonete ali, vou esfregar no rosto, não, não dá certo, vou esfregar nas mãos, depois esfregar as mãos no rosto, pronto, agora é só passar a toalha, opa, não dá certo, é preciso primeiro enxaguar o rosto pra tirar a espuma do sabonete, ufa!

A gente ria, e ele continuava falando das maravilhas do corpo humano e da natureza, que a gente ia conhecer (ele não falava estudar) ali com ele. No final da primeira aula, escreveu o nome na lousa.

— Mas só os professores me chamam pelo nome. Os alunos me chamam de Ptialina, que é o nome científico da saliva. Porque, quando eu falo meio entusiasmado, lanço perdigotos, que são gotículas de saliva, mas ninguém é perfeito, a imperfeição é própria dos seres vivos.

As meninas que sentavam na primeira fileira receberiam os perdigotos nos cadernos e nos braços, que esfregariam enojadas nas roupas, e ele às vezes pediria desculpas, mas continuaria a falar entusiasmado e elas esqueceriam, continuariam sentadas ali, fascinadas por aquela paixão dele pelo universo da vida.

— E quem quiser, pode trazer algum ser vivo, vivo ou recentemente morto, para a próxima aula. Ganha meio ponto na nota do mês.

Na próxima aula, entre flores e folhas, frutas e legumes, lá estavam sapos e pererecas, lesmas, mosquitos, besouros, joaninhas vivas e mortas, até uma pequena cobra, e tudo ele pegou e olhou como se fossem joias, girando nos dedos contra a luz das claraboias, olhos arregalados.

Botou os bichos vivos em caixas e gaiolas, os vegetais numa bandeja, mas tirou do guarda-pó um ovo:

— Tem um ponto na média quem disser quem é esta dupla aqui. Isso mesmo, quem são estes dois aqui?

Esperava, gozando nosso espanto, até que desvendava:

— Estes dois aqui são o núcleo e o endosperma, ou a gema e a clara, que formam o ovo, que é uma célula, a menor parte dos seres vivos, o tijolinho da nossa construção! Todo nosso corpo é formado de células, menores que o ovo da galinha, claro, mas também formadas de núcleo e endosperma.

Tirou do guarda-pó uma cebola.

— As células se juntam, formando o epitélio, como tijolos se juntam para formar uma parede. Vamos ver como é isso, cortando fatias da cebola e colorindo, para as células aparecerem bem, e vamos ver nos microscópios. Quem aí gosta de cortar cebola?

Suas aulas eram no laboratório de Ciências Naturais, ao lado da cantina, no pátio coberto onde a gente corria e gritava doidamente no recreio.

A sirene tocava, era aquela correria: uns correndo ao mictório, outros correndo para a cantina, outros para as salas de aula, outros correndo por correr, e, assim, nos primeiros minutos de aula ainda se ouvia no laboratório restos do tropel lá fora. Para esperar pelo silêncio e promover a quietude sacra no seu teatro científico, onde o cenário principal era uma longa mesa de mármore branco com pia e instrumentos, ele se dedicava a examinar alguma coisa no microscópio ou a olhar algum bicho num vidro de conserva ou a balbuciar lendo um livrão de biologia (hoje sei que fingindo, representando calculadamente seu teatro onde a iluminação vinha de claraboias e altas janelas de vitrô, mas naquele ano de 1963, quando eu sequer conhecia teatro, ele era realmente a encarnação de uma aventura diferente das que nos chegavam pelo cinema e pelos gibis, a aventura do conhecimento).

Quando cessava de vez a correria e a gritaria lá fora, ele erguia os olhos, mas para olhar longe, olhar através da gente sentado ali nas arquibancadas em semicírculo, e lançava seu anzol, na forma de uma pergunta (e nada mais parecido com um anzol do que uma interrogação, não?):

— Quantos lados tem uma flor?

A pergunta era lançada longe, como quem lança de molinete o anzol.

— Por que certas frutas têm semente pra dentro, como a melancia, e outras pra fora, como o caju, e outras nem têm semente, como o abacaxi?

Apontava a testa de algum de nós ainda suando da correria do recreio:

— Por que tem hora que a gente sua quente e tem hora que a gente sua frio?

Ou apontava uma espinha na testa de alguém:

— Por que a gente tem espinha nessa idade, e depois tem saudade dela na minha idade?

Mesmo apontando assim alguma coisa bem ali, falava como se para si mesmo, jogando longe a pergunta-isca, mas logo começava a recolher a linha:

— Será que flor não tem lado nenhum ou tem infinitos lados? Ou será que ter lado não tem nada a ver com flor?

— Será que há diversos tipos de fruta, incluindo as que não têm sementes? Mas então como é que se reproduzem? Porque se não têm sementes, será que não têm flores também, já que as sementes vêm dos frutos que vêm das flores? E as flores, vocês sabem (aí já com a isca ali ao nosso alcance, a linha quase toda recolhida), as flores são o sexo das plantas...

Então virava as costas e ia para o quadro-negro, atrás da longa mesa branca, e escrevia, por exemplo:

REPRODUÇÃO
SEXUADA
E ASSEXUADA

Virava-se com os olhos brilhando, as sobrancelhas e as rugas da testa subindo e descendo, arqueando e corcoveando maliciosas, e a gente ria, pipocavam gracinhas, meninas coravam, tímidos sorriam, e então ele perguntava a algum dos engraçadinhos:

— A sua casa tem chaminé? Não? A sua ca-sa não tem cha-mi-né?! Mas então como a cegonha fez pra deixar você em casa?!

Ia de novo para o quadro-negro, enquanto os engraçadinhos soltavam uma enxurrada de piadinhas, e o riso rolava solto enquanto ele escrevia:

BACTÉRIA
NÃO FAZ XIXI

Virava-se de novo, agora de dedo em riste na cara de algum engraçadinho:

— Concorda, seo Domingos? (chamava a todos de seo e dona) E levante a mão quem acha que a cegonha é quem traz a gente pro mundo, e quem acha também que isso que a gente tem no meio das pernas é só pra fazer xixi, levante a mão!

Risadas, gritos, urros, até os tímidos riam.

— Mas isso não serve só pra fazer xixi, né, também sai daí uma outra coisa que os homens colocam dentro das mulheres e daí nascem os nenês. Assim como as flores masculinas soltam um pozinho que chamamos de pólen. E por que as abelhas gostam tanto de pólen? Por que a mamona estoura e joga longe as sementes? Por que em certa idade da vida a gente se apaixona ao mesmo tempo pela colega do lado e pela professora? Será que ninguém quis casar com o abacaxi, porque ele tem muitas espinhas, daí ele de birra resolveu não ter mais sementes? Mas a jaca também é tão espinhenta que parece um ralador e é cheia de sementes! Quem é que me explica isso?

Abria de novo o livrão de biologia e fingia procurar, folheando adoidado, até que fechava o livro batendo forte e gritava:

— Sexo! A cegonha existe porque o cegonho-pai fez amor com a cegonha-mãe e nasceram as cegoinhas!

Mas o abacaxi não tem semente porque é planta assexuada, que se reproduz sem sexo! E olhe só...

De repente retirava da parede um pano que cobria uma grande ilustração anatômica de uma vagina:

— ... como o órgão sexual da mulher parece uma flor! Estão rindo do quê? Vocês todos passaram por aí!

Esperava a zoeira passar, desenhando no quadro-negro um pênis ereto. No alto do pênis fazia um pequeno risco, a partir de onde desenhava vários riscos saindo para cima.

— Todos passaram por ali — apontando a vagina na parede — e saíram daqui, do pênis ereto, que lança um líquido chamado esperma, que vai fecundar o óvulo da mulher com os espermatozóides, assim como o pólen das flores masculinas vai fecundar as flores femininas. Mas por que o pênis tem de estar ereto pra fazer isso, seo Domingos?

Não esperava resposta, continuava:

— Porque sem estar ereto não conseguiria penetrar na vagina. Mas como a flor masculina faz o pólen penetrar na flor feminina se flor não tem pernas pra uma procurar a outra?

Então apontava triunfalmente as primeiras palavras que tinha escrito no quadro-negro:

— Hoje vamos viajar por dentro das plantas, dos bichos, e da gente, para ver que existem reprodução sexuada e assexuada, e como é que isso funciona! Abram o livro na página tal, mas com cuidado, devagar, bem devagar, não porque é perigoso nem porque é vergonhoso nem porque é feio, mas porque sexo é coisa bonita, necessária e gostosa, então é bom ir devagar, que nem quando a gente come uma sobremesa gostosa, é bom ir devagar pra apreciar o sabor, o aroma, a cor... É, nós temos muita sorte! Ouviram aqueles rojões sábado? Soltam rojões quando ganham na loteria, mas cada um de nós tem muito mais sorte! Nós fomos premiados entre milhões!

A esta altura, o laboratório estava silencioso, a turma imóvel como se fôssemos todos um só, atentos e espantados como passageiros de um barqueiro diante da cachoeira, depois de fisgados por uma interrogação e levados a navegar pela correnteza das ciências naturais. Ele então olhava em redor e sussurrava com a mão ao lado da boca:

— Pra cada um de nós nascer, outros milhões de espermatozóides morreram! Não é mesmo uma sorte?

Quando enfim a sirene tocava, nossa cabeça voava entre abelhas fecundando flores, espermatozóides disputando sua corrida, passarinhos cantando a fazer a corte para as passarinhas, e só aí ele lembrava do livro de chamada:

— Quem faltou, levante a mão!

Fechava o livro de chamada, batia a mão na testa:

— Esqueci! Ia contar por que a mamona estoura no sol quente e joga longe as sementes, mas... Fica pra próxima vez! Se alguém passar por perto de um pé de mamona, pega lá um cacho e traz pra gente ver.

Na aula seguinte, vários levariam cachos de mamona, e ele daria uma mamona a cada um, como um padre distribuindo as hóstias de uma comunhão:

— Vejam só como a mamona é esperta. Cada semente dessas dá um baita arbusto, a mamona é quase uma árvore, então ocupa muito espaço. Se as sementes só caíssem no chão, a planta-filha nasceria debaixo da planta-mãe, e na sombra não cresceria, seria sufocada pela própria mãe. Então cada cápsula de sementes é como um projétil: quando fica seca, esquenta com o sol e então estoura, jogando longe as sementes pra crescerem longe da mãe.

Assim, passava a revisar a última aula, novamente escrevendo palavras-chave no quadro-negro. Sempre deixava uma informação intrigante para a próxima aula, gancho para essa revisão não anunciada, mas sistemática, coisa que só com o tempo fomos percebendo: havia um método naquela loucura! E um dia anunciou:

— Quem quiser desenhar num caderno as figuras do livro, ganha um ponto a mais na média do mês.

Então comecei a reproduzir num caderno de desenho as figuras do nosso livro didático. Durante um ano fiquei apaixonado por Anatomia e Fisiologia, fascinado por saber, por exemplo, que a pele é o maior órgão do corpo, banhada pelo suor das glândulas sudoríparas, lubrificada pelo óleo das glândulas sebáceas, coberta de pelos que podem se eriçar porque cada um tem um pequeno músculo lá na raiz, pronto para levantar o pelo quando a gente se arrepia de frio ou de medo. Se o arrepio for de medo, também os vasos capilares, as minúsculas artérias que irrigam a pele, estarão se encolhendo e se estreitando, para o sangue refluir, aprofundar-se, para o caso de sermos feridos na luta:

— A pele obedece a um comando ancestral do cérebro, pois, lá nos tempos pré-históricos, a gente tinha medo porque ia lutar com algum bicho, na caça, ou com algum inimigo feroz ou mesmo com outros semelhantes de outra tribo, e então, para não jorrar tanto sangue dos ferimentos, a pele, naquele tempo e ainda hoje, quando temos medo, aprofunda a circulação sanguínea...

Antes da televisão, nossa cultura visual era de gibis e cinema, mostrando lutas, guerras e aventuras, mas nunca tão profundamente, tão *por dentro*! Anos antes de saber o que é *intrínseco*, eu aprendia a ver intrinsecamente, a imaginar a vida por dentro, vendo a fisiologia não como um monte de palavras por decorar, mas como sistemas interligados funcionando — o sistema sanguíneo, o nervoso, o muscular, o ósseo.

Por falar em ossos, inesquecível também seria o esqueleto que ficava num caixão vertical com porta de vidro, quase sempre com um cigarro que algum engraçadinho colocava entre os dentes. E ao saber que ali, na base do crânio, há no osso esfenóide uma pequena cova, a sela túrcica do esfenóide, onde se aloja a tão pequena e tão importante glândula hipófise, alguém levantava o braço:

— Ptialina!

— Diga.

(Ele era um professor que não se importava, ao contrário, gostava de ser chamado pelo apelido.)

— Por que esse nome de sela *túrcica* do esfenóide?

— Não sei.

Ele era um professor sem medo de dizer *não sei*!

— Não sei, mas vou saber e te falo na próxima aula, embora isso não seja importante. Importante é saber que aí, na sela túrcica do esfenóide, fica a hipófise, que lança no sangue muitos hormônios, inclusive o hormônio que faz a gente se apaixonar, pra ter filhos e a espécie continuar!

Paixão. Esse era o combustível do motor Ptialina. Paixão pelas Ciências Naturais, paixão pela educação, paixão pelos alunos. O que não o impedia de dar provas exigentes, e no final daquele ano, quando meu caderno de desenhos estava quase cheio, vários alunos de turmas mais adiantadas ficaram para exame, ou não passaram nos exames, não lembro bem, lembro é que se vingaram depredando sua moto. Minha família estava para mudar de Marília, e não vi a moto, alguém me contou, perguntei o que ele tinha feito diante daquilo, sua moto tão querida tinha sido depredada! Engraçado que não consigo lembrar quem me contou, mas consigo lembrar perfeitamente da resposta que me deu:

— O que o Ptialina fez? Nada. Ele só riu.

Paixão pelo que fazia tão bem, e alegria para o mal que lhe faziam. Era um sábio meu professor de Ciências Naturais no Instituto de Educação Monsenhor Bicudo.

Com ele aprendi bem mais que Anatomia e Fisiologia. Como a vocação pelas letras foi mais forte, esses meus conhecimentos só serviriam para espantar os médicos com quem conversei vida afora:

— Então você sabe que a hipófise fica na sela túrcica do esfenóide?

E muito mais, doutores, está tudo no caderno de desenhos. Mas o que me valeu mesmo foi ter aprendido que viver bem é viver com paixão, fazendo bem o que se gosta de fazer. Sem medo de parecer ridículo, sem medo de ir além dos limites da burocracia, dos preconceitos e mesmo do bom senso: a partir das Ciências Naturais, ele nos falava de nutrição, trabalho, sociedade, amor, casamento, vida enfim, como nenhum outro professor fazia.

Por isso lamentei muito quando, depois de várias mudanças de residência, não achei mais meu velho caderno de anatomia. Mas eis que, aos 56 anos, ele reaparece pelas mãos de minha mãe, e vejo como fui me aplicando cada vez mais nos desenhos, detalhando e melhorando tecnicamente, passando da caneta e lápis coloridos para o nanquim, deixando de "colar" os desenhos do livro, com papel transparente, para desenhar de próprio punho, durante horas me dedicando a um conhecimento que, no fundo, hoje vejo, era um tributo à paixão do mestre.

Num tempo em que professores passaram a ganhar tão pouco, e em que as escolas são tão castigadas por carências, inclusive de valores éticos nas famílias, gerando a indisciplina e até o caos escolar, vi que esses meus mestres apaixonados têm o que dizer e mostrar, têm tábuas a lançar nessa correnteza revolta. Eles mostram que, mais que qualquer didática ou equipamento, a paixão é a grande ferramenta do ensino, e a educação é, antes de tudo, uma iluminação, quando aprendemos a ver, ou seja, quando descobrimos, a partir da visão apaixonada de quem nos ensina.

E pareceu muito natural ilustrar este livro com as páginas do meu velho caderno de desenhos. Ou melhor, meu caderno de paixão.

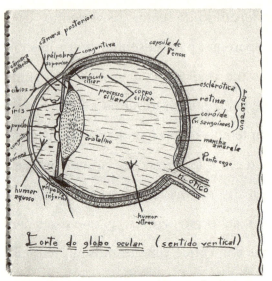

A paixão pela leitura me transformava...

5. Entre céu e inferno

Entretanto, a mãe e o pai se reconciliaram e novamente perdi uma cidade, voltamos a morar em Londrina com o pai. Eu tinha catorze anos, começava a fazer a barba, ia chegando à altura de adulto e continuava devorando bibliotecas. Na do Colégio Londrinense, escola particular, havia uma coleção de Jorge Amado, em capa dura, vermelha com letras brancas, e seus primeiros e pequenos romances, *O País do Carnaval, Cacau, Suor,* li cada um num só dia. A coleção ia até *Gabriela, Cravo e Canela*, passando pelos três volumes de *Subterrâneos da Liberdade*, uma dúzia de volumes que li alternando com os da coleção Érico Veríssimo, mas a grande explosão de encantamento e paixão seria com *Os Sertões*, de Euclides da Cunha.

Comecei a folhear aquele livrão, na biblioteca da escola, e achei uma chatice das maiores, ora, uma primeira parte chamada *A Terra*, da qual li alguns parágrafos e fui adiante. A segunda parte vi que se chamava *O Homem*, e até achei alguns parágrafos interessantes, e já ia encostando o livro, quando o título da terceira parte me atraiu: *A Luta*, que li sofregamente, nas aulas, no recreio, em casa, até que a família desligasse a recém-comprada televisão. Depois voltaria ao começo e leria tudo de novo, agora vendo tudo com novos olhos.

A mãe mandava apagar a luz e deitar. Eu apagava a luz, deitava, esperava a casa silenciar, pulava a janela e ia ler na rua, debaixo da luz do poste. Foi chegando o inverno, mesmo levando cobertor a leitura debaixo do poste tornou-se impraticável. Arranjei uma lâmpada de cabeceira, esperava a família deitar, botava um cobertor debaixo da porta para tapar a luz, dirigia o foco da lâmpada para o livro, e lia até dormir com o livro no peito. Acordava com o despertador, velho companheiro já desde Marília, e ia para a escola com o livro na bolsa, para ler nas aulas e no recreio. Depois descobri *O Ateneu*, de Raul Pompeia, e os romances de Aluísio Azevedo. José de Alencar já tinha lido todo em Marília, em coleção de capa dura comprada de vendedor ambulante.

Comecei a descobrir romancistas e contistas estrangeiros, como Hemingway, Saroyan, Dickens, Melville, e também os romancistas nordestinos, José Lins do Rego, Rachel de Queiroz, Graciliano Ramos. Mário de Andrade e os contistas paulistas. E de repente o romantismo, o realismo e mesmo o naturalismo já não tinham mais graça, eu queria ler só modernistas. Há tempos já não ia mais à igreja, e a religiosidade em mim ia se transformando em ideologia, que é também uma forma de religião, mistura de crendices políticas com visão redentora. O menino que botava paletó e gravata para ir à missa de domingo agora queria vestir macacão para se parecer com os proletários que a revolução iria libertar das injustiças.

Lendo, às vezes eu ria, às vezes sorria, e devia estar sorrindo quando minha mãe um dia disse ao meu pai, que perguntou por mim:

— O seu filho? Tá lendo como sempre, com aquela cara de felicidade, parece que está no céu!

A paixão pela leitura me transformava, me elevava, ao mesmo tempo em que os hormônios da adolescência produziam seu inferno.

Havia outros como eu, na nossa turma da quarta série ginasial no Colégio Londrinense, curiosos do mundo, amantes dos livros, mas poucos. A maioria amava mesmo era bagunçar. Era o primeiro colégio particular em Londrina, fundado por um médico evangélico, Jonas de Faria Castro, já então falecido e com um busto sobre um monólito na pracinha em frente. Usava óculos, o falecido, e lá estavam na estátua os óculos, duas argolas de metal onde a gente pendurava camisinhas.

Nossa turma era um inferno, conforme os professores. A sala era em patamares, cada um com uma fileira de carteiras, de modo que quem sentava no último patamar, ao ficar em pé, quase batia a cabeça no teto. E lá sentava Reinoldo Atem, que se tornaria poeta, mas que então se dedicava a batucar na tábua do compartimento abaixo do tampo da carteira, onde devíamos guardar as bolsas. O batuque de Reinoldo era o som de fundo de uma algaravia permanente, gritaria misturada com converseira, cantos e piadas, risadas e efeitos sonoros os mais variados, imitações de sapo, passarinho, mugidos, cacarejos, assobios.

Não chegávamos a confrontar e até ameaçar professores, como acontece hoje em muitas escolas, mas era difícil um professor manter a dignidade em nossa classe infernal. Sérgio Campanelli, Nicolau Farah, Aldo Moura Gonzales, Paulo Ramos, alguns nomes de bagunceiros ainda vivem na memória. O teto era coalhado de bolotas de papel mascado, lançadas com réguas. O quadro-negro, entre uma aula e outra, recebia desenhos pornográficos e palavrões. Não nos levantávamos nem cumprimentávamos quando entrava professor; alguns continuavam a jogar baralho, batalha naval ou mesmo dados, lá no último patamar, de onde vinha constante e ritmada a batucada do Reinoldo.

Lembro do professor Joaquim Carvalho, já então careca e com a timidez típica de ex-seminarista, a dar aula para meia dúzia de caxias das primeiras fileiras, enquanto o resto da turma se entregava à farra e aos jogos. Aviõezinhos cruzavam de lá para cá e de cá para lá. Um dia, fizemos um grande avião, com uma folha dupla de jornal, e metemos fogo no rabo, lançamos aquilo, passou diante do nariz do professor Joaquim, que lia um livro em pé. Ele ergueu o olhar, acompanhou a queda do avião flamejante, que continuou a arder ali no chão, e falou apenas "tomem cuidado para não botar fogo no colégio".

Pacientemente, aula após aula, ele ensinava gramática para aqueles poucos, enquanto os outros tumultuavam. Mas não deixávamos de prestar alguma atenção e dar uma olhada no livro didático, para fazer as provas, e conseguíamos notas até melhores que as dos caxias. Um dia, professor Joaquim me perguntou no corredor:

— Você gosta de ler. Gosta de escrever também?

Não sei o que respondi, desconcertado por ele ter adivinhado meu segredo, eu guardava meus primeiros poemas numa gaveta chaveada na escrivaninha de casa. Escrevia nas últimas folhas de cadernos, que arrancava para datilografar na máquina de escrever que tinha pedido de aniversário.

— Se gosta de escrever, por que não presta atenção nas aulas de gramática para escrever corretamente?

Desconfio que ele tinha me flagrado escrevendo, porque de vez em quando dava umas voltas pela classe depois de passar exercícios. Anos depois, fomos colegas de magistério, ele dando suas aulas de Língua Portuguesa, o nome nobre que o velho Português ganhava no ensino superior, e eu dando aulas de Teoria da Literatura, na Universidade Estadual de Londrina, nos anos de 1974/75. Um dia, na sala dos professores, alguém falou sobre minha literatura, eu ganhava concursos de contos, e alguém perguntou se minha intenção era me tornar escritor.

— Ele é escritor — falou professor Joaquim. — Desde a quarta série do ginásio.

Só então passei a reparar naquele mestre tímido, quieto, mas perseverante. Nunca tinha deixado uma aula pela metade ou saído antes da sirene, como tinham feito outros, exasperados com nossa turma infernal. Nunca tinha esbravejado, levantado a voz ou se irritado. Fui professor na universidade apenas dois anos, o bastante para ver que não nasci para a burocracia e a rotina, e ele continuou lá. Um dia, vejo nos jornais que a universidade estava com um serviço tira-dúvidas gramaticais, por telefone, criado e dirigido pelo professor Joaquim. Liguei, por curiosidade, e ele atendeu, senti uma mistura de arrependimento, pelo moleque infernal que fui, respeito e admiração pelo velho mestre. Perguntou qual era a dúvida, falei que não era uma dúvida, era uma certeza, ele perguntou que certeza, falei que a certeza é que há os apaixonados de impulsos e rompantes, febres e entregas, e há os apaixonados constantes, aqueles que levam adiante o amor pelo que fazem, sem grandes gestos, sem discursos, só fazendo o que é preciso fazer, sempre, para quem quiser usufruir.

Ele perguntou quem estava falando, falei que era um ex-colega, e desliguei, com a certeza de ter descoberto uma companheira para a paixão, a serenidade. Uma nos move e nos consome, a outra nos restaura e mantém no rumo.

Serenidade tinha de ter quem se metesse a dirigir o Colégio Londrinense, e a vítima da vez era o reverendo Ernest Boerhoeff. Nos dava aulas de História, usando calças e paletó escuros, colarinho de pastor, tão barrigudo quanto benevolente com nossa bagunça. Ficava vermelho quando se irritava, visivelmente se esforçando para manter a calma. Como era diretor do colégio, nossa turma infernal, temendo castigos, controlou-se nas suas primeiras aulas. Depois, fomos voltando à normalidade bagunceira.

Um dia ele desabafou, vendo mais da metade da turma entregue aos jogos e às distrações enquanto ele falava de guerras e revoluções:

— Não sei o que fazer com vocês... Não sei como interessar vocês por História. Nem por guerras vocês se interessam!

Na verdade, tínhamos nossas próprias guerras. Grupos contra grupos. Turmas contra turmas (havia outra quarta série...). E colégio contra colégio. Um dos nossos, a caminho de casa, tinha apanhado de uma turminha do Colégio Estadual Marcelino Champagnat. Então uma turma nossa tinha cercado a turminha deles, numa pequena batalha de rua que eles perderam, correram. Mas formaram então uma turma maior, emboscando a turma nossa que passava todo dia lá pelos lados do colégio deles. Depois de várias escaramuças e entreveros, avisaram que viriam enfrentar os nossos ali na praça do nosso colégio, suprema ousadia.

Um dos nossos, lembro até hoje o nome, Raduan, disse que no dia seguinte iria ao colégio armado de revólver. Outros levaram correntes, cabos de aço, porretes. Quando a sirene tocou no fim da última aula, saímos em bandos atiçados pela expectativa de sangue. Eles estavam na praça, algumas dezenas, deviam ter matado a última aula para chegar ali já sem as bolsas, alguns até já sem uniforme. A notícia, nunca confirmada, de que um de nós iria armado, fez correr a contra-notícia de que vários deles então viriam também armados, de modo que a meninada menor ficou nas calçadas da praça, com uma mistura de curiosidade e medo.

Os nossos briguentos foram para o meio da praça, e os dois bandos começaram a se xingar, no que devia ser início ritual da batalha. Mas, então, surpresa: um jipe Toyota subiu pela calçada e entrou na praça pela passarela de pedestre! Ao volante, o reverendo Ernest! Foi no instante em que os dois bandos já iam se encontrar, alguns já girando no ar seus cabos de aço, outros mostrando porretes, e o jipe entrou no meio, o reverendo desceu falando alto:

— Parem com isso, vão pra casa! Se forem brigar, vão ter que bater em mim primeiro! E eu vou lembrar da cara de cada um, vai ser expulso! E vocês do Estadual, eu vou lá de sala em sala apontar cada um para ser expulso também! Vão pra casa!

Todos pararam diante daquele homem vestido de negro, com o rosto afogueado, entrando sem medo no meio da batalha por começar. Ele foi recolhendo correntes e cabos de aço dos nossos, jogando no jipe:

— Deem aqui essas coisas e fica por isso mesmo, senão...! E vocês, vão embora, vão!

Da estátua, dr. Jonas olhava com os óculos eventualmente desimpedidos. Os líderes de cada bando começaram a reclamar, historiando a rixa, bradando que estavam ali para se vingar de emboscadas e surras, mas nosso professor de História bradou mais alto, levantando um braço para o céu:

— Vão embora ou vão ter de brigar comigo!

Os dois bandos foram se dispersando, com xingamentos e resmungos, enrolando correntes, guardando porretes, primeira vez em que vi um taco de beisebol.

No dia seguinte, reverendo Ernest foi destituído da direção. Uns disseram que pediu demissão, outros que foi demitido, por ir se meter em briga de alunos fora do colégio. Hoje vejo que era um apaixonado pela paz. Teve a coragem de se meter no meio da batalha, por amor à paz. Ameaçou brigar, pela paz. E foi obedecido, porque ardia nele a chama da paixão, que impõe respeito. Se voltasse a nos dar aulas, certamente ouviríamos com respeito, mas não voltou. Nos sentimos derrotados. O próximo professor de História era tão frio, tão desapaixonado, que nem lembro seu nome, sua cara, nada.

Éramos uns demônios, cheios de fogo hormonal, e foi preciso o fogo da paixão de um pacifista para nos envergonharmos de nosso inferno. Ficamos tristes. A bagunça serenou. Não queríamos mais provar a todos que nossa turma era a mais bagunceira. E passamos a tolerar mesmo os professores mais mixurucas, como dizíamos. Afinal, podiam ter lá seu fogo também. Como o sacrifício de Cristo, o sacrifício do reverendo nos humanizou.

Eu era anjo e demônio. Um homenzinho com a cara enfiada num livro, um moleque procurando encrenca.

Zaqueu de Melo era o diretor geral do Colégio Londrinense. Baixinho e careca, sempre de paletó, quase sempre de gravata, impunha respeito pela seriedade e onipresença. Aparecia aqui e ali de repente, no pátio, nos corredores, na cantina, no ginásio de esportes, de repente lá estava ele a nos observar. Chamava pais de alunos para conversas, nosso maior temor.

Tinha sido deputado estadual, mas, desiludido com o que chamou de politicagem, armou um comício ali, na pracinha diante do colégio, onde no palanque rasgou o diploma de deputado, renunciando diante do eleitorado e explicando o porquê. Eu ainda não sabia que são raríssimos os políticos que renunciam, embora Jânio Quadros já tivesse feito sua renúncia oportunista, com a intenção de voltar ao poder aclamado, e eu, começando a acompanhar política, sabia que o plano do bruxo da vassoura não tinha funcionado. Mas aquele outro ali, político renunciante, não tivera plano, não tivera segundas intenções, por isso seu gesto era sempre lembrado com respeito e admiração.

Bem, talvez por isso mesmo, o demônio em mim falou: então vamos testar esse santo.

Alguém tinha estourado bomba numa das privadas, e no dia seguinte Zaqueu tinha discursado a todos, enfileirados no pátio antes da entrada para as salas:

— Os vândalos eram uma tribo bárbara que vagava pela Europa, matando e saqueando, não deixando nada em pé, queimando tudo por onde passassem. Hoje, só conhecemos os vândalos por causa disso, pois não deixaram descendentes, não continuaram como povo, não formaram nação.

Ele falava do alto duma escada com parapeito, no fundo de um dos prédios do colégio, como um púlpito para o pátio onde as turmas se enfileiravam.

— O exemplo dos vândalos, porém, infelizmente continua. Ontem destruíram uma privada. Podiam ter ferido gravemente quem usasse a privada no momento da explosão. Por isso, vou inspecionar pessoalmente o mictório masculino a partir de hoje. Porque os senhores, como cidadãos de bem, não merecem conviver com vândalos.

Era a primeira vez que eu era chamado de cidadão, o que não alterou nosso plano diabólico. Nosso porque havia um cúmplice, que tinha levado duas bombas, daquelas grossas, um cilindro de papelão cheio de pólvora, encapado com papel colorido, bombonas como a gente chamava. Desde o dia anterior tínhamos combinado tudo, ele traria as bombas, eu os cigarros que pegaria de meu pai. Por precaução, combinamos não contar a ninguém, preferível o silêncio do anonimato que o risco duma delação.

Tocou a sirene do fim do recreio, fomos para o mictório, ele entrou no cubículo duma privada, eu em outra. Ele tinha ficado com a caixa de fósforos, eu só com alguns palitos e um pedaço da caixa para riscar os palitos. Mas precisei só de um, para acender metade do cigarro sem filtro, dar duas tragadas para acender bem a brasa, e enfiar o pavio da bomba na outra ponta. Tínhamos cortado o cigarro exatamente pela metade, com gilete, para que as duas bombas explodissem quase juntas. Penduramos com arame atrás do vaso da privada e saímos do mictório quando os últimos também saíam depois de urinar, lavar as mãos, pentear cabelo. Tínhamos escolhido as últimas privadas, para o caso de algum retardatário querer usar, usaria as primeiras.

Era sábado, quando as duas últimas aulas eram no salão nobre, um auditório com palco e fileiras de cadeiras de braço parafusadas no piso, como nos cinemas de então. Lá o professor Dino Zambenedetti dirigia o Grêmio Literário e Recreativo, como dizia, quando tínhamos de recitar, ler trechos de livros, cantar, dançar, contar notícias ou casos, enfim, expressar fosse lá o que fosse em Português, valendo nota. Graças a essa liberdade de expressão, nossas sessões literárias e recreativas eram interessantes e divertidas.

Podíamos gozar os tímidos, que lá iam ler trechos de livros com o nariz quase relando no papel. Os piadistas podiam contar suas piadas, desde que fossem dignas. Os cantores podiam cantar, o que alguns faziam enfrentando piadinhas e depois colhendo frenéticos aplausos. E eu dançaria novamente, ao som do piano (havia um velho piano de cauda no palco) martelado por Guto Genta, que sabia os *rocks* símbolos da época (escolhemos *Rock Around The Clock*, e não só eu dancei no palco, mas muitos na plateia também, era uma farra nosso grêmio).

Naquele sábado, porém, foi uma agonia para mim e meu cúmplice, de cujo nome não consigo lembrar. Logo que entramos no salão, fomos ao camarim, onde havia um vitrô com vista para o pátio. Vimos Zaqueu entrar no mictório, junto com o bedel, um senhor negro que chamávamos de Mister Black. Voltamos para o salão, instintivamente sentamos um longe do outro e fiquei esperando o estouro das bombas.

Alguém recitava e eu só ouvia os próprios pensamentos: e se as bombas estourassem quando eles estivessem examinando as privadas? Alguém lembraria que fomos os últimos a sair do mictório? Alguém teria nos visto cortar o cigarro ainda na sala de aula?

Enfiei a mão no bolso, gelei: ali estavam uns palitos e o pedaço de caixa de fósforo. Amassei, joguei fora. Os palitos, fui quebrando em pedacinhos no bolso, depois joguei fora. Quando comecei a sentir dor de barriga, uma bomba estourou, depois outra. Evitei olhar para o outro. Professor Dino comentou que os vândalos estavam de volta, e continuei alheio ao que se passava no palco, vendo Zaqueu e Mister Black feridos, cacos de louça enfiados na cabeça, sangrando, e já via meu pai sendo chamado ao colégio, a expulsão. Guto perguntou o que eu tinha, não aplaudia, não ria, quieto como nunca, falei que não era nada, um enjôo.

Tocou a sirene, saí com a alma pesada, mas lá embaixo vi Mister Black, diante do portão, deixando sair só as meninas:

— O diretor manda formar fila no pátio. Só as turmas masculinas.

Fomos para o pátio, onde vimos Zaqueu lá no seu púlpito, formamos fila e ele foi logo ao assunto:

— Os vândalos voltaram, e o único modo de acabar com vândalos é com civilidade. Podiam ter ferido gravemente alguém hoje. Mas não vamos punir. Vamos apenas pedir que sejam homens, tenham honra, e se apresentem. Para que recebam aplausos, por corrigir com coragem um ato tão covarde. Estou esperando.

Ficamos ali, ao sol das onze horas, quando terminavam as aulas no sábado, depois da terceira aula. Onze e dez. Onze e quinze. E ele lá no púlpito, esperando.

— Onze e meia, senhores. Todos estão sofrendo por causa de um ou dois covardes, mas não vou pedir, aos que sabem quem são eles, que os indiquem, não. Quero que eles sintam gratidão por vocês, e nojo pelo que fizeram. E que reneguem, deixem pra trás, pra sempre, os covardes que foram, e renasçam daqui pra frente, como homens com coragem de assumir seus atos. Dispensados.

Todos se dispersaram correndo e gritando, eu me sentia arrastando. Não falei mais com o cúmplice. Algumas semanas depois, li em voz alta, no grêmio "do Dino", como a gente dizia, um artigo sobre o regime militar que começara em abril, e que eu saudava como redenção nacional (e contra o qual militaria clandestinamente alguns anos depois). Depois o professor me perguntaria de quem era o artigo, falei que era meu.

— Ah, que bom, então vou aumentar sua nota. Por que não escreve um mural com seus escritos e de outros?

Fiquei matutando aquilo. Teria como mostrar meus poemas, e tinha tanto o que dizer sobre tudo! Formei um grupo, começamos a fazer um mural, mas alguém disse que melhor seria um jornal. Claro, um jornal! Falei ao Dino, que falou apenas:

— Claro, fale com o professor Zaqueu!

Relutei, mas fui procurar o meu homem-quase--bomba. Ele ouviu, deu os parabéns, perguntou qual seria o nome do jornal. Meus avós recebiam *O Correio de*

Capivari, sua cidade paulista de origem, e eu falei que podia ser *Correio do Londrinense*. Ele disse que ficaria parecendo um jornal dos cidadãos da cidade de Londrina, os londrinenses.

— Então *Correio do Colégio Londrinense*.

— Mas não será do colégio, mas dos alunos, não é? Um correio interno, não?

Falei que ia pensar num nome, pedi para o colégio pagar a gráfica. Ele disse que ia pensar, e que eu voltasse no dia seguinte, quando foi direto ao ponto:

— O colégio paga o papel e a impressão, mas a mão-de-obra não.

Eu nem sabia o que era mão de obra, ele explicou. Tinha falado com o Oliveira, da Tipografia Oliveira, que daria papel e impressão a preço de custo, mas...

— ... sua equipe terá de compor o jornal. Sabe o que é *compor*? E qual será o nome do jornal?

Correio Interno, falei, para homenagear a sugestão dele, internamente me redimindo pela bomba. Mas era preciso oficializar o pedido à tipografia, eu devia fazer uma carta-proposta, nunca mais esqueci esta expressão. Datilografei uma carta, que levei a ele no dia seguinte. Leu, tirou os óculos, falou uma série de sugestões que tive de anotar, tantas eram. No outro dia, levei de novo a carta, ele botou os óculos, leu, apontou vários erros de datilografia. Arrumei tudo, mas ele ainda encontraria mais um errinho.

— Mas é um errinho de nada.

— Um erro é um erro e erros são para ser corrigidos. É só pra isso que existem erros, pra ser corrigidos.

Reescrevi a carta, com vontade de mandar pro inferno o jornal, a tipografia, o chato do Zaqueu. Enfim ele aprovou, dobrou a carta, me ensinando como, enfiou num envelope timbrado do colégio, subscritou com sua caprichada caligrafia e me entregou.

— Agora você representa não apenas seu talento e sua vontade de fazer um jornal, representa também nosso colégio.

A coisa ficava maior do que tinha pensado, a responsabilidade pesava quando na tipografia fomos descobrir — Edson Mafra, José Moura e eu — que *compor* tipograficamente era pegar na caixa de tipos cada letra, um palito de metal e alinhar ao lado de outras letras, formando cada palavra, linha por linha, em suportes de metal que, depois de cheios com o que seria uma coluna de jornal, eram colocados numa prancha até formar uma página. No começo, era um trabalho exasperante, que um gráfico nos ensinou com paciência, catar cada letra em seu escaninho numa enorme bandeja.

Mafra logo desistiu, José também, fiquei eu. Ia à tipografia toda tarde, para fazer meia página do jornal de oito páginas, no tamanho de uma folha ofício. Mas como dava trabalho! As letras eram miúdas, os olhos cansavam, a coluna doía, os pés latejavam. Mas, conforme ia ficando traquejado em catar cada letra no seu escaninho — ali o *a*, lá o *c*, aqui o *d*... — a coisa ia ficando gostosa, as linhas se sucediam rapidamente. E descobri que, depois da composição, havia a primeira prova, a revisão, a segunda prova, nova revisão... Para fazer cada prova, era preciso entintar a página montada, cobrir direitinho com uma folha de papel, para não ficar ruga, e passar o rolo para imprimir. Esperar secar a tinta, fazer a revisão, depois consertar os erros na página... ufa!

Mas, no dia seguinte à segunda revisão, ao chegar à gráfica seo Oliveira me apontou alguns pacotes:

— Seu jornal. Parabéns. Ficou bom.

— Ficou muito bom, companheiro — disse o gráfico, e eu, que sonhava libertar os trabalhadores do mundo, senti um orgulho que me deixava nas nuvens.

Faria três números do Correio Interno, cada vez mais apaixonado, até o final do ano, quando Zaqueu me chamou:

— Gostou de fazer o jornal? Aprendeu alguma coisa?

Ora, pensei, eu queria era ensinar, não aprender. Eu tinha publicado poesias e comentado política no Correio Interno, e me sentia um farol de sabedoria. O que tinha para aprender?

Desconversei, ele me apertou a mão com as duas mãos, outra coisa inesquecível. Anos mais tarde percebi que era apreço, consideração pelo homem que eu me tornava. Tinha dado conta de um empreendimento, tinha correspondido à confiança dele, tinha honrado o nome do colégio. Faria outros jornais estudantis, nos quatro anos seguintes, e, quando procurei emprego de repórter na *Folha de Londrina*, o chefe de reportagem, Leonardo Henrique dos Santos, perguntou se eu já tinha alguma experiência com jornal, falei que tinha sim:

— Desde os catorze anos.

Consegui a vaga, depois de fazer um teste com a lembrança de Zaqueu na mente, atento aos errinhos. Já tinha maços de originais de poemas e contos, que revisava atentamente, burilando, melhorando tanto que a primeira versão se tornava irreconhecível. Como eu mesmo mudara naquela quarta série, conforme o professor Dino ao final do ano:

— Pellegrini, fazer esse jornal te fez muito bem, hem, você virou outro!

Do inferno ao céu, graças a um mestre que sugeriu uma iniciativa e um diretor que exigiu qualidade. Quando comecei a ganhar concursos literários e elogiavam meu texto, "tão enxuto, mas tão envolvente", lembrava de Zaqueu lendo com atenção e assinalando um a um os errinhos, me ensinando a paixão por serviço benfeito, ou qualidade.

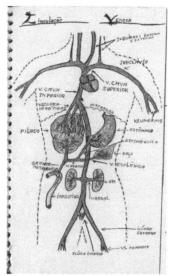

*Ao contrário do coração,
a cabeça pode mudar*

6. Procurando encrenca

Concluído o então ginásio, hoje o Ensino Fundamental, entrei no Curso Científico do Instituto Filadélfia, colégio coligado ao Londrinense. Não sei por que escolhi o Científico em vez do Clássico, acho que por pura mania de contrariar, quis contrariar minha própria vocação, pois para o Clássico é que iam os com vocação para as Ciências Humanas. Ou talvez estivesse com saudade das Ciências Naturais de Ptialina: Biologia era uma das disciplinas do Científico, embora ao lado de Matemática, Física, Química...

Hoje sei que a confusão vocacional pode causar descaminhos que custarão caro. Teste psicotécnico, orientação vocacional, conversas com profissionais sobre suas profissões, tudo pode ajudar. Com o mercado de trabalho saturado, os jovens hoje se preparam mais longamente, esperam mais pela primeira chance profissional, que assim pode ser um desastre maior, se a orientação vocacional estiver errada. Naquele tempo, porém, eu brincava com a vocação, como com tudo.

Fiquei duas semanas no Científico, com tédio tão grande que o professor Amauri, de Física, me mandou sair da sala num dia em que fiquei rodando nos dedos uma flor de hibisco, indiferente, distante. Passei para o Clássico, e lá estavam as línguas em vez das ciências, e a Introdução à Filosofia, onde o professor Antonio Rosinski nos ensinaria Lógica Menor. Ele era neurótico de guerra, polonês sobrevivente de campo de concentração, com forte sotaque e forte crença numa pedagogia do terror, mantendo a disciplina à custa de notas baixas. Mas com ele aprendi a fazer perguntas às palavras, para entender sua lógica, evitando desperdício, duplo sentido, equívocos.

— Senhorrr Domingos. Vá à lousa. Escreva (fez uma pausa) uma palavra.

Fui à lousa, escrevi SEXO. Se estivesse escrito ANJO, acho que a reação dele seria a mesma:

— Muito bem. Mas não foi o que pedi ao senhorrrr.

Ele pegou o giz e escreveu: UMA PALAVRA.

— Se eu quisesse pedir para o senhor escrever qualquer palavra, teria dito senhorrr Domingos, escreva qualquer palavra, e não uma palavra!

A turma protestava, ele sorria malévolo.

— Numa guerra, se você trrransmite uma orrrdem com possibilidade de dupla interrrrpretação, pode causarrr um desastre. Porrrr isso as orrrrdens devem serrrr escrrritas. No caso, eu teria escrrrito (escreveu na lousa): ESCREVA *UMA PALAVRA*. Cerrrto? Pois até uma vírrrrgula malposicionada pode trrransformarrr uma mensagem: *Vá, não demorrre. Vá não, demorrre.*

Pituca levantava a mão.

— Pois não, senhorrr Luciano.

— Demorrer é morrer lentamente, professor?

— Senhorrr Luciano, declame o prrronome Qui Quae Quod valendo nota!

— Mas não é aula de Latim, professor!

— Mas eu também sou o professorrrr de Latim e dou a prrrrova quando bem quiserrr, porrrque o senhorrr também falou o que bem quis. Qui Quae Quod!

Pituca acabava com um ponto a menos na média do mês em Latim, e professor Antonio Rosinski concluía:

— A vida é assim, não tem lógica. Mas o pensamento tem, porrrtanto a linguagem também tem de terrr!

Era um apaixonado pela disciplina, e me legou isso, disciplina para as palavras.

Além da paixão pelas palavras, eu também me apaixonava pelas notícias. Depois das velhas revistas *O Cruzeiro* lidas em casa, passara a ouvir notícias no rádio, além de acompanhar os telejornais da televisão recém-inaugurada em Londrina. No ginásio, professor Benício, de Organização Social e Política, driblava com noticiário o oficialismo dessa matéria: sorteava quem, no começo da aula, diria uma notícia lida no dia anterior ou ouvida na noite anterior, assim todos tinham de ao menos dar uma olhada em algum noticiário.

Eu começava a acompanhar pela BBC a Guerra do Vietnã, onde ia crescendo o envolvimento norte-americano.

Quando fui sorteado, contei que um helicóptero tinha sido derrubado no Vietnã, e ele perguntou quando eu tinha ouvido a notícia, afinal helicópteros eram derrubados lá quase todo dia.

— Ouvi na BBC hoje cedo, professor, antes de vir pra aula, disseram que o helicóptero tinha acabado de ser derrubado.

— Fabuloso! — ele aplaudiu. — Fabuloso! Um helicóptero cai de madrugada no Vietnã, já ficamos sabendo no café da manhã!

Depois da aula, me chamou:

— Vai ser jornalista?

Falei que não sabia, mas alguns anos depois seria jornalista. Um dia, professor Benício apareceu na redação do jornal onde eu trabalhava, e lembrei do episódio, ele me corrigiu apaixonadamente como sempre:

— Mas eu não pedia notícias para driblar a Organização Social e Política, como você diz. Na verdade, toda notícia é expressão da organização social e política de cada país! Aliás, o nome da disciplina nem devia ser esse.

Hoje sei que o nome dessa disciplina, tão necessária, para abranger direitos e deveres, desde o conhecimento dos impostos embutidos até a consciência ecológica, deve ser Cidadania.

A cabeça era uma usina em ebulição. Junto com as notícias, entravam a sociologia de Josué de Castro e sua Geografia da Fome, a democracia poética de Walt Whitman, o comunismo missionário dos romances de Jorge Amado, o heroísmo de Hemingway, a miséria social dos romances nordestinos, a miséria moral da geração pós-guerra, o lirismo de Bandeira, o eu fragmentado de Drummond, Lampião e Tiradentes, Ghandi e Bolívar, poetas e políticos dançando de mãos dadas uma dança doida nos meus miolos, e o coração querendo sentir sobre os ombros todo o sentimento do mundo.

Ao mesmo tempo, ou até por isso mesmo, o eu moleque continuava querendo brincar, talvez para o rapazola não envelhecer tanto em tão pouco tempo. A sala do Curso Clássico era no segundo andar, com grandes janelas de vitrôs. Embaixo, eram as salas da secretaria, de fachada envidraçada. E então Carlos Barbosa e eu, na sala vazia no recreio, inventamos de lançar, pelo vitrô, uma bola de bilhar, pesada, amarrada com fita adesiva na ponta de um fio de náilon. A bola ia em frente, até ser estacada pelo fio, quando descia em curva, indo bater e quebrando a vidraça da secretaria lá embaixo. Imediatamente eu puxava o fio, recolhendo a bola. Carlos ficava na porta, vendo se ninguém aparecia de volta para a sala de aula. Fizemos aquilo três vezes, criando um grande mistério. Quem alvejava com que os vidros? Procuravam pedras, projéteis, nada achavam. Depois da segunda vez, um vigia passou a ficar de olho nas casas do outro lado da rua. Carlos ficou de olho no vigia. Quando ele descuidou, lancei a bola, quebramos a vidraça pela terceira vez. Exultamos. Começaram a pensar que podiam ser espíritos lançando pedras invisíveis. Trocávamos olhares de alta esperteza.

Mas, sozinho, o moleque se transformava no jovem apaixonado pela leitura, arcado ao peso dos sentimentos do mundo. Em turma, virava um demônio. A professora de Inglês, Dolly Torresin, a dona Dolly, era alemã com forte sotaque, e numa de suas aulas vesti sunga por cima das calças, desfilei pela sala para delírio da turma da bagunça, enquanto a turma caxias continuava atenta à aula. Dona Dolly, que encarnava a paciência e a tolerância, naquele dia falou que tudo tinha um limite, me mandou para fora da sala.

Anos depois, fomos colegas, professores na Universidade de Londrina. Na sala de aula, um dia, ela me olhou, chacoalhou a cabeça como se ajeitando pensamentos incongruentes, até perguntar:

— Domingos, por que você fazia aquelas molecagens todas no Curso Clássico?

Fiquei pensando, só respondi dias depois:

— Acho que andava procurando encrenca.

O *rock* era uma paixão trepidante e amorosamente temperada: nas brincadeiras dançantes, a gente dançava com as mocinhas e surgiam os namoros. Tanto os Beatles como a Jovem Guarda tinham músicas para dançar separado como para dançar juntos, e dançar de rosto colado era começo de namoro.

Guto Genta, que tinha tocado piano para eu dançar no grêmio literário do professor Dino no ginásio, agora fazia o Científico, mas continuamos a nos encontrar nas brincadeiras dançantes. Formamos uma turminha de quatro inseparáveis, Guto, Toninho Costa, Mário Oliveira e eu, a percorrer as brincadeiras nas noites de sábado, com o Simca Chambord ou o jipe Wyllis do pai de Guto, ainda menor de idade como nós, menos Toninho.

Toninho era o único com mais de dezoito e também o único que trabalhava, durante o dia ajudando o pai, leiloeiro, e cursava o supletivo à noite, no Colégio Londrinense. Em 1966, me disse que ia mal nos estudos (claro, pois vivia matando aula para jogar, ouvir música, jogar baralho ou esnuque com Guto, enquanto eu continuava a usar as noites para ler). Ia ser reprovado nos exames do supletivo, e o pai ficaria uma fera. Se tirasse boa nota ao menos numa matéria...

— Por que você não faz um exame no meu lugar?

A ideia era tão arriscada e afrontosa que topei logo. Fui ao colégio estadual onde eram feitos os exames do supletivo, imitei a assinatura dele na lista de presença, fiz a prova de Conhecimentos Gerais e tirei nota 9. Comemoramos tomando cerveja, naquele tempo em que uma garrafa nos deixava grogues, tomamos várias, espertamente vitoriosos.

O exame seguinte era de Português, assinei a lista de presença e ouvi uma das fiscais comentar com outra:

— Não faltou ninguém, não é?

— Pela lista, não, mas cadê aquele rapaz de casaco verde de veludo?

Toninho usava um casaco verde de veludo, e no primeiro exame, que ele mesmo tinha feito, tinha conversado com as fiscais, todo alegre e comunicativo, tornando-se inesquecível. Mas continuei a fazer a prova, fui dos primeiros a entregar... diretamente nas mãos do diretor, já alertado pelas fiscais. Ele chamou o pai de Toninho, que compareceu de gravata e já com advogado. Graças a nós, dali por diante seria adotado documento de identidade com fotos para os exames supletivos, com o que não deixamos de contribuir para o aprimoramento do sistema educacional.

Toninho foi expulso do Colégio Londrinense, por estar fumando no recreio, retirado de uma roda de fumantes pelo fiscal Mister Black. Toninho protestou — Por que só eu? — e Mister Black respondeu que ele ia pagar pelo vexame que estava fazendo o colégio passar. Nossa treta tinha virado notícia de jornal, tinha sido debatida na Câmara Municipal.

No Instituto Filadélfia, passei a ficar quietinho nas aulas, temendo punição colateral para mim também. Na aula de História, a professora Maria Aparecida, que elogiava muito minhas redações, projetava fotos sobre a Monarquia Britânica, e lá estava a cama da Rainha da Inglaterra, uma baita cama com dossel, e eu perguntei simplesmente:

— Professora, o Príncipe Philipe dorme aí com a Rainha?

Ela me mandou para fora da sala, sem saber que o colégio procurava qualquer pretexto para me expulsar, o que o diretor fez com visível satisfação. Meus pais foram pedir clemência, não adiantou. Meu pai chamou o prefeito, o advogado José Hosken de Novaes, amigo de meu avô, que tentou interceder, mas também não adiantou. O prefeito voltaria à nossa casa para justificar:

— Dizem no colégio que vosso filho tem paixão por encrenca, e eu mesmo acho que essa expulsão vai ser educativa para ele.

O prefeito tinha razão, como se verá. E, anos depois, a professora Maria Aparecida também seria minha colega de magistério na Universidade e me pediria desculpas:

— Se soubesse que iam te expulsar, não teria te mandado pra fora da sala! Eu tinha paixão pelas suas redações, achava que você acabaria historiador.

— De certa forma, professora: conto histórias.

Folheando o velho caderno de desenhos, vejo que temos uma circulação arterial e uma circulação venosa: uma para levar sangue limpo e oxigenado do pulmão para todo o corpo; e outra para levar sangue "sujo", carbonizado, de todo o corpo para o pulmão. Se pudesse responder novamente à Maria Aparecida, diria que a mente parece funcionar assim também, com suas sujeiras e suas limpezas. Mas, ao contrário do inalterável automatismo do coração, a cabeça pode mudar, eliminando mais sujeiras e produzindo mais limpezas e lindezas.

Do Curso Clássico em Londrina, levaria ainda uma lembrança de um professor apaixonado por música popular, a ensinar que a vida evolui não numa reta, mas em curvas e círculos que se sobrepõem, tangenciam, enrolam-se, unindo razão e emoção, metas e acasos.

No final do primeiro ano do curso, a turma do colegial organizou uma excursão ao Rio de Janeiro, em ônibus fretado, com alguns professores. Um deles nunca me dera aulas, mas lá pelas tantas, madrugada, sentou no braço de uma poltrona no ônibus, quando já tínhamos cansado de nossas ruidosas brincadeiras, e, na quase escuridão, enquanto muitos já dormiam, cantou *Último desejo*, de Noel Rosa. De vez em quando sua face se iluminava com faróis passando, e eu via que cantava de olhos fechados:

Perto de você me calo
tudo ouço e nada falo

tenho medo de chorar
Nunca mais quero seu beijo
mas meu último desejo
você não pode negar

Eu conhecia mais música norte-americana que brasileira, embora ouvisse os discos que tocavam em casa, de Ângela Maria, Nelson Gonçalves, Dalva de Oliveira, Carlos Galhardo, Orlando Silva, Jackson do Pandeiro e Luiz Gonzaga. A descoberta de Noel Rosa me faria enveredar pela música brasileira com paixão, ao mesmo tempo em que a então chamada música de protesto reagia contra a ditadura no Brasil e contra sistemas e governos em todo o mundo.

Mais de duas décadas depois, quando a ditadura acabou, eu tinha militado em partidos clandestinos, tinha organizado entidades de resistência como cooperativa de jornalistas e federação de teatro, tinha organizado festivais, tinha uma folha corrida de serviços prestados à luta, como diziam. Então, com a redemocratização consolidada, abriram os arquivos da polícia política, e comprovou-se que aquele professor, cantor de Noel, oficial de reserva do Exército, tinha sido informante do SNI, o Serviço de

Informação da Ditadura, enquanto dava aulas na Universidade. Agora, em cartas aos jornais, os denunciados exigiam sua exoneração.

Como ex-militante notório e ex-presidente do Comitê Pela Anistia, escrevi carta dizendo que a anistia tinha sido para todos, de esquerda e de direita, os que defendiam um regime militar e os que defendiam a luta armada, com crimes de ambos os lados. Os justiceiros vingativos então se calaram.

Um dia, encontro com o cantor informante, e ele me abraça, com os olhos úmidos, dizendo que eu sabia o porquê. Falei que claro que sabia:

— Porque somos humanos, temos paixões, ideologias, mas evoluímos, perdoamos, vamos em frente.

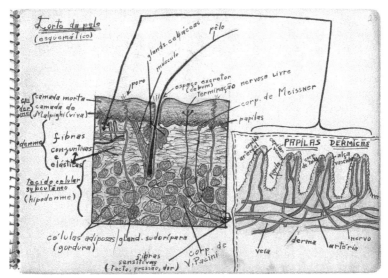

O menor dos pelinhos tem sua razão de ser

7. Bem-entendido

Procurei encrenca, achei. Expulso do Filadélfia, fui com meu pai, de jipe, até Maringá, para descobrir que não havia Curso Clássico no norte do Paraná. O mais perto era em Marília, onde eu já tinha morado quando a mãe vivia separada do pai, e lá fui eu morar em hotel e estudar novamente no Instituto de Educação Monsenhor Bicudo, agora em prédio novo e moderno, na periferia da cidade.

Eu tinha obedecido ao coração, à minha paixão por bagunça e rebeldia, por contestação mesmo que imbecilmente, e agora ia pagar a pena. Mas, em vez de pagar, recebi — novas paixões.

Desde o antigo Instituto, ainda no centro da cidade, com seu velho prédio cinzento, eu admirava o professor Isaac, de Educação Física. Ao contrário de outros, que se limitavam a botar a turma a fazer exercícios mecanicamente ou simplesmente correr atrás de bola, ele se preocupava em educar fisicamente cada um. No primeiro dia, fazia exame biométrico em todos, medindo altura, envergadura e peso, para dividir a turma em três: normolíneos, com altura e envergadura iguais; longilíneos, com altura maior que a envergadura; e brevelíneos, com a altura menor que a envergadura; ou, conforme a gente dizia, os normais, os magrelos e os bolinhas.

As aulas então começariam com dez minutos de aquecimento para as três turmas, mas, depois, exercícios apropriados para cada uma. Os magrelos iam levantar pesos, para ganhar músculos. Os gordinhos iam fazer exercícios gastadores de calorias, e os normais faziam ora uma coisa e ora outra. Claro que, para controlar tudo isso, professor Isaac tinha de estar sempre atento, dirigindo, comandando, estimulando, elogiando (criticando nunca). Comandava exercícios para uma turma, ia para a outra, de olho em todas as três turmas e em cada um. Seu método lhe dava muito mais trabalho, mas ele amava trabalho. Às vezes falava alto:

— Façam cada exercício com atenção, porque não é só exercício para o corpo, é para a cabeça também! Vocês estão lidando com a mais maravilhosa das maravilhas deste planeta, o corpo humano, onde todos os detalhes são importantes! O menor dos pelinhos do corpo tem sua razão de ser!

Repreendia com respeito:

— Senhor Iukio, quem você pensa que está enganando? Faça isso direito, senão o senhor engana a si mesmo e o senhor é muito esperto pra ser enganado, entendido?

Iukio era um nissei que fazia Educação Física de calças compridas, conforme professor Isaac tinha explicado na primeira aula:

— O senhor Iukio vai fazer as aulas de calças, porque tem cicatrizes de queimaduras nas pernas. Defeitos não são privilégio de ninguém, todos têm, no corpo ou no caráter, na cabeça ou na alma, e alguns têm o péssimo defeito de fazer gracinha com os defeitos dos outros. Se alguém fizer isso aqui, vai se ver comigo, entendido? Aqui não tem gordo, não tem magro, não tem feio nem bonito, não tem pobre nem rico, só tem gente e gente sempre merece respeito, entendido?

Todos sabiam que ele não falava da boca para fora: corriam histórias de engraçadinhos expulsos da aula por terem tratado alguém com apelido depreciativo. Não dava notas a granel, avaliava cada um e dava notas criteriosas. Mesmo o mais gordinho evoluía fisicamente nas mãos de Isaac, e só isso lhe dava a autoridade mítica dos transformadores.

Sua saleta era repleta de prateleiras com halteres e bolas, muitas *medicine balls,* as pesadas bolas para ginástica, e, nas paredes, cartazes de seus ídolos. Um deles era um magrelo saltador de altura, o russo Valery Brumel, de quem ele falou quando nos ensinou salto em altura.

— A gente pode fazer como todo mundo sempre fez ou pode tentar um jeito diferente de fazer. Valery Brumel inventou seu jeito de saltar, elevando em vinte centímetros o recorde olímpico! Depois se acidentou com motocicleta, ficou em cadeira de rodas, passou para muleta, para bengala, depois passou para a pista de treino e não conseguiu mais ser campeão mundial, mas voltou a ser campeão da Rússia. Que é que ele ganhou com isso? Respeito! É o máximo que uma pessoa pode ganhar na vida, respeito! Em tudo mais se dá jeito, mas a falta de respeito não tem jeito! Entendido?

Apontava o cartaz de Wilma Randolph:

— Essa moça aí teve uma infância doente. Teve poliomielite e escarlatina, ficou com uma perna deficiente, até os onze anos andava com sapatos especiais, mas, em vez de se achar doente, começou a jogar basquete com o irmão no quintal. Daí virou grande jogadora, mas não se conformou com isso, treinou corrida e acabou como a única corredora a ganhar três medalhas de ouro numa olimpíada. Então, se alguém aí tem algum defeito ou problema físico, não vamos falar do mal que isso te faz, vamos falar de como resolver isso! Entendido?

Apontava a foto de Mané Garrincha:

— Olhe esse aí: se fosse ouvir os médicos, iam dizer que ele tinha de usar aparelhos nas pernas. Foi jogar futebol, virou campeão do mundo, e, mais que isso, um craque que não cometia faltas! E, apesar da fama de moleque, treinava bater escanteio depois dos treinos, por conta própria, e com isso fez sete gols olímpicos, contando só os registrados pela FIFA! Ficar reclamando do que a gente não tem, é fácil. Fazer o máximo com o que tem, é muito melhor! Entendido?

Ele não dava aulas de Educação Física: vivia para. Muito mais educativa do que física: o corpo era só o ponto de partida. Quando falava de Ademar Ferreira da Silva, seus olhos umedeciam:

— Esse aí foi para a olimpíada com uma bolsinha de roupa, nem mala tinha, e voltou com a medalha de ouro. O equipamento ele levou aqui, ó — e apontava o coração — e aqui, ó — apontando a cabeça. Entendido?

Era técnico das seleções de basquete, de vôlei e de futebol de salão da cidade. Nos Jogos Abertos, era preciso fazer as tabelas de modo que nosso multivalente técnico não tivesse de comparecer a dois jogos ao mesmo tempo.

Detestava desânimo e desistência. Aos gordos dizia: — Você é grande, você pode! Aos magros: — Você é leve, você pode!

No final do ano, o Iukio, que era falante e atrevido, agradeceu publicamente, fazendo graça, e Professor Isaac respondeu sério:

— Senhor Iukio, eu é que agradeço a honra de ter aprendido com o senhor a vencer com alegria um desafio.

Nossa aula era às sete da manhã, mas desde as seis e meia ele estava na quadra, treinando encestar com os pés, chutando em delicada curva para o cesto. No começo, acertava uma ou outra. No fim do ano, acertava uma a cada cinco, e disse que a meta era acertar uma em cada duas. Ia criar o basquete jogado com os pés? Disse que não, que encestar com as mãos tinha se tornado muito fácil... e mostrou: em dez bolas arremessadas com as mãos, encestou sete! Se alguém precisava de lição de persistência, ali estava Isaac; mas o mais importante era que treinava com bom humor, nos ensinando, sem nada falar, que só fazemos bem o que bem gostamos, e com alegria se faz melhor.

Os que se destacavam em basquete, chamava para o time da cidade. Um dia, pegou o cestinha do time fumando no vestiário, botou na reserva. Quando perdemos o próximo jogo, disse que fumando se perde muito mais. Quase todos que fumavam, pararam.

Num jogo, arrisquei uma bola de costas para o cesto, uma especialidade que eu cultivava, atirando sempre do mesmo ponto, com as duas mãos, acertava uma em duas. Errei. Ele gritou: — Mais uma dessas e tá fora!

Tentei de novo de costas, iludindo o marcador, acertei, o público delirou, mas ele me tirou do jogo. Até hoje, quando estou muito entusiasmado, arriscando fazer besteira, lembro daquele jogo e "baixo a bola", foco bem, penso melhor, procuro a serenidade certeira.

Um dia liguei para ele, para pegar o endereço e enviar alguns livros. Estava velhinho, estava gasta a voz que nos animava. Perguntei se se lembrava de mim.

— Claro. Você é aquele que queria encestar de costas, imagine! Além de presunção, era um desrespeito ao seu marcador!

Ora, então era por isso! Admirei ainda mais meu velho mestre de humanismo, bem-entendido.

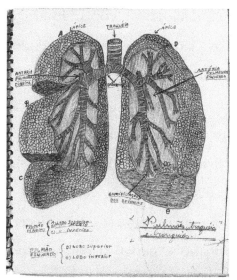

*Respirava fundo, até o ar me
parecia revolucionário*

8. Caminhada noturna

Aos catorze anos, fui "politizado": um colega me encheu a cabeça de ideias sobre revolução, um mundo novo sem classes sociais, uma sociedade comunista, que hoje parece uma utopia tão velha, mas, naquela época e naquela idade, me pareceram uma missão a que dedicar a vida! Eu tinha uma máquina de escrever, para os poemas e contos que criava, e logo, no hotel onde meus pais tinham alugado um quarto, o único som que se ouvia à tarde era minha datilografia, copiando artigos revolucionários de livros clandestinos ou escrevendo o jornal do grêmio estudantil do colégio.

O colega que me politizou, que eu então considerava um mestre a me abrir os olhos para um novo mundo, chegava com livros embrulhados e aos sussurros:

— Esse é superproibido, cuidado!

Aquilo me apaixonava e engrandecia, receber um livro revolucionário e perigoso para reproduzir trechos selecionados pelo mestre...

Além do mestre, eu adorava o ídolo Fidel Castro, o mito Guevara, o santo Ho Chi Minh, que dirigia o povo do Vietnã na guerra contra os Estados Unidos, e Marx era para mim um deus a indicar o caminho para uma sociedade de justiça e fraternidade. Olivedo me passava livros à média de um por semana, para ler, e artigos ou folhetos para datilografar. Um dia, o dono do hotel falou a alguns hóspedes:

— Esse rapaz aí estuda que só vendo, ou melhor, só mesmo escutando pra acreditar! Eu passo de tarde lá pela porta dele, escuto a máquina, pecpecpec, passo de noite, pecpecpec, estuda dia e noite!

Pobre homem: estudar, eu estudava cada vez menos, pois estuda quem quer aprender, e eu, com uma ideologia, achava que nada mais tinha a aprender, tinha as soluções socialistas para todos os problemas, portanto tinha mais era que fazer acontecer! A datilografia dia e noite era apenas o começo de uma militância apaixonada, para construir heroicamente um novo mundo, ao lado de companheiros, guiado por mestres infalíveis (engraçado como os líderes revolucionários se parecem com os santos e os papas, sem pecado e infalíveis na visão de seus seguidores cegos por ideologia).

Um dia, fui fazer a revisão do jornal estudantil do colégio, numa cidadezinha perto de Marília, onde o jornal era impresso numa pequena gráfica, por economia e segurança. Afinal, mesmo sendo apenas um jornal colegial, tinha matérias que falavam do novo mundo socialista, louvavam heróis e lutas, sempre alfinetando a ditadura brasileira. Fiz a revisão do jornal e tomei o ônibus de volta a Marília no fim da tarde, sonhando com lutas e sucessos revolucionários. Mas o ônibus parou em outra cidadezinha, e o motorista me informou que era ponto final. Com a cabeça na revolução, eu tinha tomado o ônibus errado, me distanciando mais de Marília. Os trocados que tinha quase dariam para pagar a passagem, mas, em vez de pedir mais uma moeda a alguém ou explicar o caso no guichê, preferi comer um sanduíche de mortadela e tomar um guaraná, para heroicamente enfrentar o caminho de volta a pé.

Claro: se Ho Chi Minh tinha andado 50 quilômetros por dia quando prisioneiro dos japoneses na Segunda Guerra, e se Guevara, asmático, enfrentara longas marchas na Revolução Cubana, e se a Revolução Chinesa nascera de uma Longa Marcha, eu só teria a ganhar mais espírito revolucionário com aquela marcha imprevista. E as revoluções, embora frutos da vontade, não são marcadas por tantos imprevistos que os revolucionários sabem aproveitar? Perguntei a alguém a distância até Marília.

— Trinta e poucos quilômetros.

Me agarrei no "poucos" e fui para a rodovia. Logo nos primeiros quilômetros, vendo um belo poente, descobri que meus sapatos rasos não eram os melhores para o acostamento pedregoso. Anoitecendo, passei a andar no asfalto, na beirada da pista na contramão: assim podia ver com bastante antecedência os faróis e sair da pista. A lufada de ar dos caminhões ia esfriando conforme a noite avançava, e descobri também que minha camisa não era a melhor roupa para uma caminhada noturna.

Descobriria muitas coisas naquela noite. Que os dedos das mãos incham, enchendo de sangue, impulsionado para as extremidades com o movimento dos braços na caminhada. O revolucionário que sonhava lutar armado contra a ditadura militar ainda não tinha feito o serviço militar e (que ironia) não sabia que é preciso descansar ao menos cinco minutos em cada hora de caminhada. Então fui instintivamente parando aqui e ali, massageando os pés doloridos, pois as meias eram finas. Mas respirava fundo e ia em frente, até o ar me parecia revolucionário.

O tráfego foi diminuindo conforme subia a lua minguante ou crescente, não sei, naquele tempo nem sabia ver fase da lua. Mas o espírito revolucionário me levava em frente pela rodovia, passando por brejos onde coaxavam centenas de sapos, enquanto eu ia me perguntando:

— Será que vão aparecer as luzes de Marília depois da próxima colina?

Como no poema de Manuel Bandeira, os sapos respondiam:

— Vão. Não vão. Vão. Não vão.

E eu continuava, no rumo da vitória final, encarando aquilo como provação. Olhava as estrelas, que há apenas um ano eu mirava com espanto e filosófica curiosidade, especulando sobre os mistérios da existência, do infinito e da eternidade. Por que existimos?

Agora, a pergunta era outra: *para que* existimos? Para fazer a revolução e transformar o mundo. As estrelas que piscassem eternamente no infinito, isso não tinha mais importância alguma, o importante era derrubar a ditadura, conquistar o poder e...

Quando minha avó Sebastiana tinha morrido em Assis, morávamos em Marília com a mãe, separada do pai, mas ele tinha ido ao velório e, depois, nos levara de jipe de volta a Marília. No caminho, vimos uns vultos brancos lá adiante na estrada escura, era estrada de terra e os vultos apareciam lá além da claridade dos faróis. Pareciam fantasmas, e Tia Ana falou ah, será que é a mãe vindo falar com a gente? Gelamos. Mas, quando os fantasmas entraram na claridade dos faróis, vimos que eram bois brancos de uma boiada que passou tranquilamente bovina desviando do jipe, os grandes olhos nos concedendo um ou outro olhar.

Agora, na minha caminhada revolucionária, depois de passar por mais um brejo de debochantes sapos, eu via lá adiante um vulto vindo pelo acostamento, com sua manta esbranquiçada flutuando sem pernas, com a cabeça também esbranquiçada sem pescoço. Gelei, lembrando as velhas histórias de assombração ouvidas em noites de pipoca com café, mas o revolucionário corajosamente continuou em frente.

O vulto vinha pelo acostamento, e o revolucionário materialista quase rezou para aparecer um carro, mas nada, apenas o vulto continuava vindo — até que se tornou claro que era um cavaleiro, montado num cavalo escuro, por isso eu não lhe via de longe as patas, e o homem vestia uma manta clara, parecendo sem cabeça porque era um negro e a cara também não aparecia de longe abaixo do chapéu também claro...

— Boa noite — ele falou respeitoso, e minha voz mal saiu em resposta.

Ele continuou, eu sentei numa pedra, sem aguentar em pé com as pernas bambas. Depois continuei em frente, lembrando de vó Sebastiana. Em 1957, os russos tinham lançado ao espaço a cadela Laika, que morreria em órbita, e vó Sebastiana tinha acompanhado o noticiário pelo rádio com muito interesse. Menino, eu brincava na varanda quando alguém chegou e comentou que os russos estavam ganhando dos americanos, que ainda não tinham conseguido nem colocar um satélite em órbita, e os russos já mandavam até satélite com cachorro ao espaço, sinal de que logo mandariam uma astronave com piloto! Alguém retrucou que os americanos passariam na frente dos russos, e começou uma daquelas discussões típicas daquele tempo de Guerra Fria, sobre quem seria patrão melhor para nós, até que vó Sebastiana falou olhando longe:

— Eu estou é com dó da cadelinha...

Hoje sei que Laika significa apenas "latido" em russo, nome casual para uma vira-lata recolhida nas ruas de Moscou para virar cobaia aeroespacial. Com seu nome proletário, morreria na cabine muito antes de a cápsula espacial ser incinerada na reentrada da atmosfera terrestre, meses depois.

Agora, na minha caminhada noturna, eu pensava em Laika, sacrificada no seu altar eletrônico, ainda abalado pelo encontro com o peão a cavalo, o fantasma dos camponeses que eu libertaria da miséria... E continuei andando, a lembrar dos peões, mascates e camelôs da Pensão Alto Paraná, onde tinha vivido até os sete anos, na Londrina capital do café. Aqueles peões de cabelos brilhantinados e dentes de ouro, com cintos de couro de cobra e sapatos de verniz, embebidos em perfume, pegariam em armas para lutar por uma revolução comunista?

Aqueles camelôs tão falantes, virariam comissários políticos a instruir as massas na nova doutrina? Aqueles mascates largariam suas malas cheias de mercadorias para viver com um salário comum?

Por que o povo não se levantava logo contra a ditadura? Eu perguntava às estrelas, mas, a certa altura, a usina ideológica na cabeça teve de ceder aos reclamos das bases, os pés, que latejavam e, com a sola do sapato furando, pisavam já diretamente no asfalto, depois de rasgadas as meias. Mas o revolucionário continuava, mirando na escuridão a meta, encarando como cumplicidade as piscadelas das estrelas.

Desde o começo da marcha, tinha pedido carona aos caminhões e carros, inutilmente, levantando o polegar como faziam o Gordo e o Magro nas comédias que passavam na tevê em casa, e dava no revolucionário uma baita saudade burguesa de casa. Uma plateia invisível parecia rir de mim, naquele imenso cinema debaixo das estrelas, cada vez que eu esticava o polegar e os faróis se distanciavam indiferentes, então fazia tempo que eu respondia à indiferença com desdém, deixando que os faróis passassem sem sequer olhar, olhando revolucionariamente em frente.

Até que, as pernas doendo, os joelhos latejando, os sapatos enfrangalhando, todo o corpo pedindo clemência, um volks parou, sem eu ter pedido carona! Caminhei até o carrinho de luzes acesas, um homem botou a cabeça para fora, perguntou para onde eu ia. Falei, ele perguntou se eu morava ali perto. Falei que morava na cidade, tinha ido a (disse o nome da cidadezinha) e tinha tomado o ônibus errado, então estava voltando a pé. Ele abriu a porta, inclinando o banco para eu entrar atrás:

— Quer uma carona, entraí.

Entrei, sentando no banco de trás com todas as juntas cantando aleluia. Vi que o homem usava farda, e estava com o quepe no colo, era um policial rodoviário. Disse que, pelo "meu jeito", tinha visto logo que eu não era gente da roça.

— E eu na sua idade também me meti em muita trapalhada.

Foi só o que falou, sem perguntar mais nada, enquanto eu já esperava um interrogatório daquele "agente da repressão". Ele também estava de carona, e foi conversando com o motorista. Logo vimos as luzes de Marília e perguntei as horas, quase duas da manhã. Eu tinha andado umas sete horas. No ano seguinte, faria o Tiro de

Guerra, aprendendo que, à média de quatro quilômetros por hora, devia ter passado dos trinta quilômetros quando o volks parou, a maior caminhada de minha vida.

O policial rodoviário perguntou onde eu ficaria, falei o nome do hotel, mas que podiam me deixar em qualquer lugar. Não, o motorista disse que era um pequeno desvio, e, quando saí para a calçada, o policial pediu ao motorista para esperar. Toquei a campainha, o porteiro do hotel apareceu, e, entrando, vi que só então o volks se foi. Fiquei pensando se o "agente da repressão" tinha esperado para conferir se eu falava a verdade ou se o policial prestativo queria só partir depois de me ver em segurança?

— O Zé deixou um prato pra você no fogão — disse o porteiro.

Era um prato fundo, coberto por outro prato, cheio de comida ainda morna sobre o fogão a lenha ainda quente. Comi pensando no Zé, o garçom do hotel, marido da ajudante da cozinheira, moço com quem eu falava sempre que podia, fiel à instrução de Olivedo: "todo trabalhador pode se transformar num revolucionário se um revolucionário levar a ele a revolução!"

Comendo o prato-feito, lembrei que tinha conversado com o Zé, assim por cima, sondando sobre a Guerra do Vietnã, a luta heróica dos revolucionários vietcongs contra o imperialismo ianque, e tinha muito me decepcionado sua resposta simplória:

— Mas se os americanos estão lá à força, e esses vietcongs querem tirar eles de lá à força, eles são iguais, não é? Porque a força não resolve nada...

Para quem acreditava na luta armada como caminho para um mundo novo, uma resposta assim frustrava, embora Olivedo dissesse que "politizar é como vender, nem todo mundo compra, mas a gente não pode desanimar e precisa insistir se quiser vender!"

No dia seguinte, faltei às aulas, dormindo a manhã toda. Levantei para o almoço, mancando, e Zé me deu uma pomada para esfregar nos joelhos e pés doloridos. No outro dia, Olivedo me fez o sinal de que precisávamos conversar, o que era sinônimo de deitar falação ou passar tarefas. Na biblioteca, onde nos encontrávamos no silêncio deserto entre as prateleiras de livros, perguntou aos sussurros por que eu tinha faltado. Comecei a contar, mas ele mal ouviu, perguntando do jornal, estava revisado? Quando fosse impresso, eu teria de buscar e organizar a distribuição-relâmpago, de que ele não participaria "por questão se segurança", claro.

Fiquei pensando no Zé, que tinha guardado janta para mim, tinha ouvido com atenção a história de minha caminhada, tinha me dado a pomada para as dores. E, enquanto Olivedo deitava falação revolucionária, fiquei lembrando de Zé ter me consolado com duas frases:

— A vida é assim, a gente às vezes se machuca. Mas, se tá fazendo o que o coração quer, no fim fica tudo certo.

Muito tempo depois, olhando para trás, como na rodovia olhava para trás a pedir carona quando ouvia motor, vi que o mestre não é aquele que te enche a cabeça, que fala muito por achar que sabe tudo, mas aquele que te dá um toque quando é preciso para achar direção e caminho. Porque foi a partir dali, ouvindo o que tinha falado o Zé, que comecei a pensar, cada vez mais, se o que a mente revolucionariamente mandava era o que o coração humanamente queria.

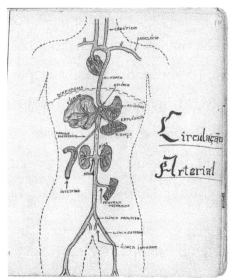

De que adianta decorar os nomes das coisas sem entender como elas funcionam?

9. Decoração e coração

A palavra *decorar* vem de coração, saber *de cor*, ou seja, saber com o coração, ter como informação inesquecível aquilo que se aprendeu com emoção, aquilo que serve para a vida como o coração serve. As duas palavras, *decorar* e *coração*, vêm do latim *cor, cordis*, coração. Mas como são diferentes na prática!

Não há nada mais distante do coração do estudante do que a decoração de datas, nomes, pronomes (como os pronomes latinos, que decorávamos como uma tabuada de nomes sem sentido, um papagueio ridículo que nos fazia parecer patos grasnando: Qui, Quae Quod! — para depois esquecer toda aquela papagueada sem uso, como tantos teoremas, trigonometria, raiz cúbica e quadrada, seno e cosseno, Pi, tanta decoração, tantos penduricalhos mentais. E que importância tem saber quando Colombo chegou à América, o dia e o mês exatos, sem ter ideia do que isso significou para o mundo (a Europa na época) e para os índios, os perdedores da história?...)

No entanto, quando um professor (quem, quando?) falou que *decorar* vem de *coração*, nunca mais esqueci. Porque foi informação que serviu para ver como as palavras podem ser falsas diante da realidade de que tratam! Nada que a gente decorava nos chegava ao coração! De que adianta decorar os nomes das coisas sem entender como elas funcionam?

Quantas aulas enrolando o tédio e enganando o sono! Quanta informação com nada a ver com a vida! E que, no entanto, poderia ser transmitida de alguma forma interessante, dirigida para a vida! Como quando Maria Helena, a professora manquinha do terceiro Clássico, nos falou de Hemingway. Primeiro falou do estilo claro, despojado e limpo do autor, que revolucionou a empolada linguagem literária até então, mas isso pouco interessou à turma, embora me interesasse porque eu começava a escrever contos também.

— Para entender melhor o mundo dos romances e contos de Hemingway, é preciso ver não só os fatos narrados, mas o que está por trás ou abaixo dos fatos. Hemingway tem um estilo narrativo chamado de *iceberg*: o que nos conta, é apenas uma parte da história, a maior parte não é narrada, fica subentendida, para a gente pensar.

Deu para a gente ler, mimeografado, o conto *Ten indians* (*Dez índios*), em que o narrador de muitos de seus contos, o autobiográfico adolescente Nick Adans, está apaixonado por uma mocinha índia. Conforme ela ia lendo o conto, a turma ia se interessando, porque afinal o personagem passava pela mesma fase da vida e a primeira paixão era o assunto mais interessante para a gente.

No conto, Nick volta para a casa no campo, com uma família de vizinhos, depois da festa de 4 de Julho na cidade (a festa nacional dos brancos, entenda-se), e passam por nove índios bêbados caídos na estrada. A mulher da família fala apenas: — Esses índios... Mas, depois, quando falam de gambás, um dos rapazes da família diz que de gambá Nick deve entender, pois namora uma índia "que tem o mesmo cheiro". O chefe da família, que vai guiando o carroção, pergunta se Nick tem uma namorada índia, e ele diz que não. O outro rapaz diz que ele se encontra com ela todos os dias, e ele novamente diz que não, mas "sentindo-se feliz, no fundo, porque estavam espicaçando-o por causa de Prudence Mitchell", o nome anglicarizado da índia.

Depois que os vizinhos ficam na sua fazenda, Nick vai a pé para a fazenda onde mora com o pai, que lhe serve comida e, no curso de uma conversa sobre trivialidades, diz que esteve no acampamento índio. Nick pergunta se lá o pai "viu alguém", e o pai diz que "os índios estavam todos na cidade, se embriagando". Mas Nick insiste:

— Não viu ninguém mesmo?

— Vi sua amiga, Prudie.

— Onde ela estava?

— No mato, com Frank Washburn. Quase tropecei neles. Estavam fazendo uma verdadeira farra.

O pai sai da cozinha e, quando volta, Nick "tinha chorado", mas o pai não fala nada a respeito. Nick vai deitar. "Estou com o coração partido", pensou. Mas dorme e, "de manhã, havia um grande vento (símbolo de passagem do tempo, dos sentimentos) soprando e as ondas quebravam forte na praia e ele ficou acordado muito tempo antes de lembrar que seu coração estava partido".

A história parece terminar assim inconclusa, mas a professora, em vez de dissertar a respeito ou dar conclusões, nos deixou a conjecturar, a palavra rodando pela turma, cada um dando sua interpretação:

— No fundo (no *iceberg*), ele não defendeu os índios nem a índia, quando falaram mal deles. Nem assumiu o namoro quando os vizinhos perguntaram, como São Pedro negou Jesus, não é? Então ele afinal não merecia ela.

— E ele negou namorar ela, então queria o quê? Que ela ficasse fiel a ele se ele a renegava? Talvez ele nem se declarou, por falta de coragem de assumir o namoro, então outro chegou e assumiu, ué!

— Dá pra sentir que o pai é um ídolo pra ele, mas ele não tem a coragem do pai de, contrariando os brancos, defender os índios.

— Será por isso que o título do conto é *Dez índios*? Nove bêbados na estrada e...

— ... uma índia no coração.

De repente, ficamos em silêncio: tínhamos percebido o sentido profundo do conto, a parte oculta do *iceberg*.

Então Maria Helena nos revelou que, além de perceber fatos e sentimentos nas entrelinhas ou "abaixo da linha da água do *iceberg*", pode-se ver também um código de conduta nos personagens de Hemingway:

— Há o anti-herói, como o vizinho que fala mal dos índios, e que é sempre mau-caráter, mentiroso ou dúbio, preconceituoso, covarde, enfim, representante da mediocridade. Há o herói de código, como o pai do rapaz, sempre íntegro, corajoso, sincero, generoso. E há o herói, que é o rapaz, sempre confuso entre ceder às pressões dos anti-heróis, seguindo facilmente a corrente, ou nadar contra a corrente, seguindo o exemplo dos heróis de código. A qualidade da literatura de Hemingway está não só no seu estilo claro e contido, mas também nesses panoramas morais em que ele não indica caminho, não é paternal nem professoral, não ensina nem aconselha, apenas mostra as condutas em luta, estimulando-nos a pensar e escolher. Como é na vida.

Naquele dia, a sirene tocou, era a última aula e, em vez da debandada para a porta, continuamos ali, pensando, atingidos no coração pelas flechas de uma história bem contada e bem revelada. Dez índios: nove bêbados na estrada e uma índia no coração.

— Que é que vocês acham que ele quis dizer com isso?

Vários chutes e palpites depois, ela sorriu, a falar manquitolando:

— Ele não quis dizer nada, apenas mostrar uma situação de conflitos de conduta. Formas de ser antagônicas, com o herói no meio, precisando escolher, decidir, formar-se de uma forma ou de outra. Mais do que dizer, ele revela. Melhor que aconselhar, ele nos faz fazer perguntas a nós mesmos. Mais que indicar caminho, mostra como é fácil se perder e difícil se orientar. E nos deixa tomar nossas decisões. Até a próxima aula!

A turma saiu lentamente, pensando no rapaz apaixonado a renegar a amada porque era índia. E continuamos a falar daquilo pelas calçadas: se era amada, tanto fazia que fosse índia! Mas, se era índia e ele branco, que vida poderiam ter? Uma vida de coragem, ora, superando tudo com a força do amor! Até que um dos rapazes soltou uma risadinha e arrematou:

— Acho que ele devia comer a indiazinha e pronto, pelo jeito ela queria era dar pra todo mundo...

A vulgaridade do comentário recebeu silêncio do grupo, e não teria me doído tanto se não saísse da boca de meu guru ideológico, o profeta do novo mundo, Olivedo. Como conseguimos ver abaixo da linha da água na história de Hemingway, eu devia ter visto já então que tudo que meu guru falava, do novo mundo de justiça na sociedade e amizade entre os povos, saía não do coração, mas dos livros, da ânsia de poder que a idegologia tem, isto mesmo, idegologia, a mistura de ego e ideologia que, no fundo, abaixo da linha icebérguica das palavras, é o que move as lideranças.

Mas, como a craca que gruda nos navios, não nos livramos da ideologia (como dos preconceitos de classe, de religião, de gênero, de bairro) tão facilmente como o jovem Nick negou namorar a índia. Por alguns anos, eu ainda me guiaria por gurus e líderes políticos, embora sempre atraído e reorientado por mestres que pouco falaram e muito revelaram.

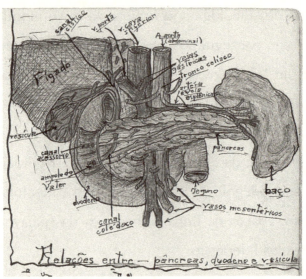
Na vida tudo se relaciona

10. Quoci fa tutte!

— Vamos pichar o Filadélfia!

Sim, voltando a Londrina depois de concluído o Curso Clássico em Marília, reencontrei Carlos Barbosa, colega de Clássico no Instituto Filadélfia, e resolvemos pichar com frases revolucionárias nosso ex-colégio. Meu entusiasmo era tanto que, desconfio, ele concordou com a pichação mais por amizade que por convicção. Nas férias, o Instituto Filadélfia estava vazio mesmo de dia, e à noite só um guarda-noturno, imerso num capotão de boiadeiro, cochilava sentado num banquinho, debaixo da marquise na frente do prédio. Fomos para os fundos, onde estava estacionado o ônibus escolar, pintado de branco e azul celeste, como se esperando nossos *sprays* de tinta vermelha. E pichamos ABAIXO A DITADURA / VIVA CUBA / VIETNÃ VIVO etc., nas paredes do pátio e na lataria do ônibus, até nos pneus.

Saímos pela lateral do prédio, o guarda continuava lá cochilando. Jogamos as latas de *spray* num terreno baldio e cada um foi para sua casa. No dia seguinte, estou à tarde lendo na varanda de casa, passa o ônibus reluzindo de recém-pintado e polido, sem qualquer vestígio da pichação. As paredes do colégio também foram pintadas no mesmo dia. O comentário de Carlos foi apenas:

— Não vai ser com *spray* que vai se fazer revolução...

Mas saiu uma nota no jornal da cidade, contando que o colégio tinha sido pichado, sinal de que o Movimento Estudantil, em efervescência nas capitais, podia estar começando em Londrina. E o guarda-noturno declarava que tinham sido três "elementos" os pichadores, um que o tinha mantido sob a mira de revólver, enquanto os outros dois iam para os fundos pichar...

Aprovado no vestibular, em março comecei a estudar na então Faculdade de Filosofia, Ciências e Letras, que funcionava à noite no prédio do grupo escolar pioneiro da cidade, o Hugo Simas, num quarteirão central.

Logo me enfiei no diretório acadêmico, ponto de encontro dos politizados e também logo resolvi pichar o pátio. Na noite da pixação, entusiasmados, Carlos e eu fomos pichando também as paredes dos corredores, e estávamos concentrados nisso quando ouvimos alguém perguntar ei, que é isso?

Era um filho de seo Osvaldo, o zelador que morava ali num porão. Corremos cada um para um lado, pulando o muro alto, e quase caí na calçada em cima de um guarda-noturno. Corri, ele apitou mandando parar, senão atiraria. Pulei o muro de volta, com uma agilidade de que sempre me admiraria ao olhar aquele muro de dois metros de altura. Atravessei o quarteirão, pulei de novo o muro no outro lado e me afastei andando calmamente, ouvindo uma sinfonia de apitos convergindo para lá.

Carlos contaria que escapou se enfiando no fundo de uma casa, de onde pulou o muro para uma casa de madeira vizinha, quando policiais militares chegaram para vasculhar os quintais com os guardas-noturnos. Carlos bateu na porta do fundo da casa, um homem de cuecas atendeu, ele contou porque estava ali, o homem tranquilamente disse que podia passar a noite na cozinha, ele entrou, sentou numa cadeira e dormiu debruçado na mesa. Amanhecendo, saiu sem agradecer porque o homem dormia. Colegas politizados interpretariam a atitude acolhedora do tranquilo cidadão de cuecas como claro sinal de "apoio das camadas mais progressistas da população ao processo revolucionário".

Na tarde seguinte, fui ao diretório acadêmico, que estava vazio, então sentei num banco do pátio com um livro, entre uma página e outra contemplando nossas pichações pelas paredes. Aí vejo o diretor da faculdade, professor Iran Martins Sanches, com um sujeito me apontando.

À noite, o diretor me chamou ao seu gabinete, que funcionava num porão.

— O senhor veja, tudo aqui é provisório, é precário, nossa faculdade funciona à noite no prédio de um grupo escolar. Mas fazemos questão de manter tudo limpo e arrumado. Conseguimos pintar o prédio, até como uma forma de agradecer ao grupo escolar, e o dinheiro foi conseguido com muita dificuldade. Mas, ontem à noite, as paredes foram pichadas. E um guarda-noturno da vizinhança garante que o senhor era um dos pichadores.

Fiquei esperando o castigo.

— Mas acredito que o senhor, que parece ser uma pessoa inteligente, só tinha boas intenções. Ninguém se arrisca assim à toa, não é? Mas, se o senhor tem o que dizer, por que não usa papel, que é para isso?

Falei que o diretório acadêmico não tinha dinheiro para fazer um jornal, ele perguntou se não podia ser um jornal mimeografado, que seo Osvaldo, o zelador, podia mimeografar.

— E eu adianto ao senhor o papel, mas para ser pago antes da edição seguinte. De quantas folhas vai precisar?

Eu, que vivia falando de repressão e censura, fiquei sem ter o que dizer. Mas peguei logo os papéis, para fazer um jornalzinho em papel ofício, *O Coruja* (a coruja é símbolo da Filosofia), com colaborações várias, mas sempre direcionado para a luta contra a ditadura e simpatia pelas lutas esquerdistas. Distribuímos pelas salas, cobrando o preço de um refrigerante de quem quisesse pagar, e verificando que alguns simpatizantes davam bem mais. E depois eu ia prestar contas ao professor Iran.

Ele me recebia na sua sala, comentava o jornal, discordando de várias matérias, sempre com muito respeito e ponderação, e sempre encerrando com a mesma frase:

— Democracia é isso, discordância e tolerância para a convivência.

Na primeira vez, talvez até como provocação, levei o dinheiro em maços de notas miúdas, que ele pacientemente contou, conferiu, fez questão de me dar recibo.

Na segunda vez, levei o dinheiro já em notas graúdas, ele agradeceu, já tinha pronto o recibo. Mas voltou a criticar o conteúdo do jornalzinho:

— É quase todo contra isto ou contra aquilo, e as coisas na vida não funcionam assim. Na vida, tudo se relaciona! Nós, por exemplo, em vez de conflitar, estamos nos relacionando, produzindo! Conflitando, que é que estaríamos produzindo?

Eu pensava em muitas revolucionárias respostas, mas não conseguia formular nenhuma. A ideologia não conseguia responder àquela lógica simples. E, quando lhe levei o dinheiro da última edição do *Coruja*, já perto do final do ano, ele sorriu:

— Parabéns. Continuo discordando do conteúdo editorial, mas devemos reconhecer que o senhor foi persistente, e cumpriu com o combinado. Além disso, pintamos nossas paredes de novo e elas continuam limpas, obrigado. Mas o mais importante é que os senhores puderam escrever o que quiseram, não é? Do jeito certo, com respeito. Conhece o ditado? *Quoci fa tutte!* Assim se faz tudo!

Acompanhando a impressão do jornal, descobri que o zelador-eletricista-encanador-impressor da faculdade, seo Osvaldo, era contra a ditadura e tinha suas tintas socialistas, a meu pedido chegando a imprimir também cartilhas e panfletos revolucionários. E me diria que o professor Iran, se não era um progressista, por não concordar com nossa visão de derrubada da ditadura a qualquer custo, também não era um "reacionário", como dizíamos, um direitista simpatizante da ditadura.

— Ele é um sujeito, como vou dizer? Decente. Dirige isto aqui muito bem. Honesto que só. Faz questão de tudo direitinho. Diz que cada tostão é cada tostão e cada pessoa é uma pessoa. Ouve todo mundo com muita atenção, e tenta resolver tudo, não deixa nada sem resolver, e no fim fica todo mundo contente.

O dinheiro que sobrava da venda do jornal, depois de pagar o papel, eu dava a um partido revolucionário, quando recebia a visita do "contato", alguém de Curitiba que vinha dar e cobrar tarefas e notícias. Tínhamos formado uma célula clandestina, com dois estudantes de Medicina, e manobrávamos os diretórios acadêmicos, o festival universitário, grupos de teatro, eventos culturais. Surrupiávamos dinheiro da bilheteria do festival. Vendíamos livros a simpatizantes. Coletávamos dinheiro de médicos, engenheiros e advogados "progressistas" e sempre dispostos a aplacar a consciência ou se sentir "inseridos no contexto", colaborando com a luta contra a ditadura ou o novo mundo socialista.

O "contato" levava o dinheiro, sempre enaltecendo nosso empenho revolucionário, e ficávamos revolucionariamente felizes. Achávamos que o dinheiro custeava a montagem da guerrilha que iria libertar o Brasil da ditadura e começar a revolução. Até que um dia outro "contato" vem nos contar que estava havendo um "racha" no partido, relatando casos de viagens com gastos supérfluos, mordomias e até "orgias", fosse lá o que fosse isso. Alguns dias depois, um "contato" da outra parte do partido veio relatar as mesmas coisas praticadas pelos outros. Tendo de optar por uns ou outros, preferi seguir os velhos princípios da honestidade, da verdade e da claridade, deixando a militância clandestina. Afinal, obedecendo ao princípio "revolucionário" de que os fins justificam os meios, eu estava aprendendo a roubar, mentir, trapacear...

Mas não foi fácil abandonar o sonho da revolução redentora, foram dias de angústia, entre o "dever revolucionário" e a consciência moral. Acabaram sendo decisivas as palavras de seo Osvaldo sobre o diretor da faculdade:

— Professor Iran é decente.

Entre a decência e a revolução, fiquei com a decência e nunca me arrependi. Há alguns anos, consegui o endereço do professor Iran e lhe enviei alguns livros, que ele respondeu com uma carta, gentil e atencioso como sempre.

Ao mesmo tempo, lia nos noticiários que alguns daqueles líderes estudantis, que eram nossos ídolos em 68, e que continuaram aceitando que os fins justificam os meios, tornaram-se políticos envolvidos em formação de quadrilhas para roubalheira de dinheiro público, usando de todos os meios para o único fim de se manter no poder, gozar o poder e aumentar o poder, no fim das contas, porém, sempre alijados do poder e respondendo aos tribunais e às comissões de inquérito. Talvez porque não tivessem um mestre a mostrar que cada tostão de dinheiro público é sagrado, e que com jeito e com respeito se faz tudo.

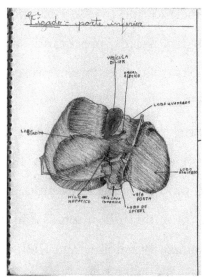

*O fígado é que devia ser o
símbolo da paixão*

II. Fênix e Ícaro

O Curso de Letras na Universidade para mim se dividiu em antes e depois da desilusão com a política clandestina. Antes, mal parava na sala de aula, aparecendo em todas as salas para dar avisos do diretório acadêmico, da UNE, do festival. Um professor até brincou:

— O senhor por aqui? Lembra desta turma? É a sua!

Tive 70% de faltas no primeiro semestre, e fui avisado de que, continuando assim, seria reprovado por excesso de faltas, mesmo que tivesse boas notas. Então falei com todos os professores, procurando a promessa de que, se tivesse boas notas, me dariam presença nas aulas, o que todos fizeram.

Mas, a partir do segundo ano, não faltei mais às aulas, meu corpo estava lá, na última fileira, embora a cabeça voasse para longe, escrevendo, lendo, ouvindo apenas uma ou outra aula interessante. Como as da professora de Cultura Brasileira, Zita Kiel, apaixonada a ponto de, em quase toda aula, emocionar-se até umedecer os olhos. Aula de chororô, diziam alguns, mas mesmo esses respeitavam Zita. Para mim, foi determinante um dos livros que indicou, *Decadência e Regeneração da Cultura*, de Albert Schweitzer, que com pouco mais de vinte anos, como organista, foi considerado o melhor intérprete de Bach na Europa, depois escreveu obras filosóficas muito reconhecidas, até decidir-se a viver numa aldeia na África, mantendo um hospital para leprosos.

Eu tinha lido *A Infância de um Chefe*, a novela em que Sartre, sobrinho de Schweitzer, narra a angustiante procura de identidade de Lucien, um rapaz que se debate entre dúvidas existenciais e doutrinas políticas. Como eu andava como Lucien, Zita percebeu e uma noite, depois da aula, foi até o fundo da sala falar comigo:

— Você parece triste, Domingos. Sabe o que eu acho? Que você não sabe se quer ser Sartre ou Schweitzer. Mas você só pode ser você, e o único jeito é fazer o que o coração mandar!

Em várias ocasiões dali por diante, ao ter de escolher diante de encruzilhadas, sempre lembrei do toque de Zita, a professora que sempre chorava falando de suas paixões culturais. Foi assim que, depois de dar aulas durante dois anos na universidade, depois de formado, pedi demissão obedecendo ao coração. Também deixei o jornalismo diário, para atender ao coração, que pedia tempo para a literatura. Como redator de publicidade, consegui mais tempo livre para o que o coração mandava, até o dia em que me vi como escritor profissional, o que jamais conseguiria se tivesse optado pelas conveniências, pelas vantagens, por carreira ou salários melhores, em vez de escolher o caminho do coração.

Anos depois, Zita me convidou para falar às suas turmas na universidade, uma conversa informal. Eu andava acabando o primeiro casamento, abalado pelo distanciamento dos filhos, e, depois de renegar o socialismo e me encantar e desencantar também pelo anarquismo, tinha descoberto Jesus (não cristianismo nem religião, apenas o Jesus que se pode pinçar das parábolas e das passagens não adulteradas ou enxertadas na Bíblia pelos escribas e papas desde Pedro, o que botou na boca de Jesus: "tu és pedra, e sobre ti erguerei minha igreja", ele que expulsou a pontapés os vendilhões do templo e sempre pregou ao ar livre...).

Zita me apresentou orgulhosamente aos alunos, lembrando do rapaz turbulento que eu tinha sido no Clássico, onde também me dera aulas, e do moço agitado que tinha sido na universidade, e do moço maduro em que tinha me transformado antes de encerrar o curso e... Ela parou de falar porque comecei a chorar.

Chorei quase todo o tempo enquanto falei aos seus alunos, ela de vez em quando fazendo comentários para me deixar chorar mais à vontade, os alunos perplexos e constrangidos. Ela enxugava os olhos, chorava também, e mesmo assim continuamos falando, não lembro do que, nem importa.

— O que importa — ela falou finalmente, em frases curtas enquanto enxugava o choro — o que importa é que tivemos aqui hoje uma aula diferente. Uma aula inesquecível para todos, tenho certeza, porque foi uma aula dada pelo coração. Mostrando como somos frágeis, como somos vulneráveis. Um escritor reconhecido, visivelmente desequilibrado emocionalmente. Mas sem medo de se expor, sem medo de procurar, e por isso certamente vai se achar novamente, e continuar em frente. Não vai se fechar, não vai enclausurar emoções para se tornar um embuste, uma falsidade social, uma caricatura. Obrigada, Domingos, por tudo que você disse, mas, principalmente, pelas dúvidas que nos trouxe, pelas fraquezas que revelou, pelo choro com que nos brindou. Tenho certeza de que esta aula servirá muito para você também, como ponto de partida para novos rumos.

Me abraçou, chorando, claro, e saindo dali eu tomei novos rumos, sem medo. Hoje, escrevendo isto, penso qual era a paixão de Zita: a cultura, os alunos, a educação? Não, a paixão de Zita era pela paixão. Sem paixão, ficamos como os homens de Eliot:

Nós somos uns homens ocos
uns homens empalhados
o peito cheio de palha
ai de nós!

Nosso órgão mais prodigioso será mesmo o cérebro? O fígado, quando estudei com o professor Ptialina há meio século, tinha mais de cem funções conhecidas, e hoje sabe-se que são muitas centenas. É o único órgão que vive sendo intoxicado porque nos depura dos tóxicos, sempre se regenerando, e, mesmo agredido ou até em grande parte extirpado, se recompõe. O fígado, e não o coração, é que devia ser o símbolo da paixão.

A paixão envolve mas também cega, impulsiona mas desequilibra, motiva mas depois desilude, nos leva ao êxtase, mas pode resultar em amargura. Não, porém, se a gente olhar com paixão até mesmo as cinzas da paixão, pois, feito fênix, ela renasce, refeita, sempre a nos regenerar e pronta para voar de novo. Mesmo que encharcadas de lágrimas, ao contrário do mito de Ícaro, as asas da paixão vão secando na direção do sol.

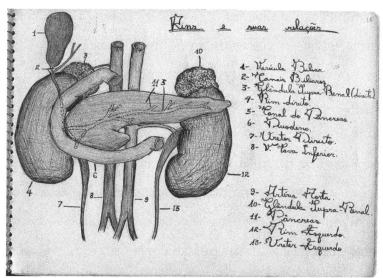

Na natureza não existem linhas retas

12. Arredondando

Hoje vivemos no mundo da educação continuada, em que não é incomum até idosos fazerem cursos de aperfeiçoamento. Mas quando terminei Letras, em 1972, o mercado de trabalho era tão pouco competitivo que se podia dar aulas numa universidade apenas com o diploma de graduação, sem doutorado nem mesmo mestrado. Dei aulas para turmas apáticas, e essa própria expressão, "dar aulas", mostra porém uma visão e uma postura de comunicação unilateral, em que o professor fala para a turma ouvir, enquanto fingem que escutam.

Nos dois últimos anos na universidade, quando frequentei todas as aulas, embora delas ausente mentalmente na maior parte do tempo, fui tomando ojeriza por esse tipo de aula, que no entanto eu repetiria como professor... Me enojei mesmo pelo próprio conceito de *aula*, palavra que na origem grega designava o pátio onde os jovens da corte recebiam aulas nos palácios, e que passou a significar a hora em que quem sabe mais "ensina" os que não sabem. Fui desconfiando que não aprendemos aquilo que não vivemos. Ia vendo quanta informação esse tipo de ensino nos coloca na cabeça, para ser esquecida sem utilidade na vida.

Formulei então uma visão quadronda: de que na natureza não existem linhas retas, elas são criação humana, e todo produto humano é sempre mistura de linhas retas e curvas. Mesmo o que é aparentemente reto apenas, como um cubo, precisou de um compasso para sua criação geométrica. O mais reto dos tijolos teve a massa batida numa máquina com componentes redondos, como a tábua mais plana passou pela serra circular.

No entanto, na paisagem ou aparência do mundo humano predominam as formas retas: tijolos, paredes, ruas, quarteirões, postes, fios... Claro: ruas curvas, como em condomínios residenciais de classe alta, exigem planejamento mais trabalhoso, os lotes não resultam iguais, e até uma simples parede curva, embora bem mais charmosa e aconchegante, dá mais trabalho e custo de construção.

Na educação tradicional, as formas retas são predominantes: salas quadradas, com fileiras retas de carteiras, onde o que cada aluno mais vê é a nuca do colega da frente, todos diante de um retangular quadro-negro, com o professor atrás de sua escrivaninha também retangular, muitas vezes sobre uma plataforma também de linhas retas, para ficar em plano mais alto que os alunos, nisso já simbolizando um fosso de *status*, e com o retangular livro de chamada lembrando que a presença é obrigatória, numa evidência de que os alunos estão ali forçados.

Ainda assim, mesmo instintivamente os professores apaixonados procuram romper essa carapaça arquitetônica e disciplinatória de linhas retas. Em vez de se entrincheirar atrás da escrivaninha, andam pela frente da sala, enfiam-se pelos corredores entre as carteiras, debruçam-se sobre um caderno aqui e ali, falam com um ou outro. E, em vez de usar a comunicação unilateral de ficar falando para a turma ouvir, lançam perguntas, estimulam respostas, buscam o diálogo e o debate. Quem só fala, usa muito o ponto de exclamação, que é reto. Quem pergunta e quer também ouvir, usa o ponto de interrogação, que é curvo.

No diálogo, a palavra transita. No debate, a palavra roda. Para o professor inseguro, nada mais perigoso: a palavra rodando pode desequilibrar ou diluir sua "autoridade"! Pois e se alguém fala o que ele não quer ouvir ou não sabe responder? E se começa uma discussão que ele não sabe onde pode parar?! Tolhido pela insegurança, não percebe que não precisa de autoridade, mas de respeito, conquistado pelo companheirismo, valor que os alunos mais prezam, mesmo e principalmente os irrequietos adolescentes. Em vez de condutor do conhecimento pelo caminho reto das aulas convencionais, falando alto e enrouquecido para turmas indiferentes ou mesmo hostis, o professor, arredondando seus métodos, pode se tornar companheiro de caminhada para turmas atentas e participantes.

Nossa voz é a que mais ouvimos. E no fundo sempre julgamos que nossas ideias são as melhores, mesmo não tendo coragem de dizê-las. Mas, quando a palavra roda num debate, e o professor se limita a lançar temas e estimular que todos falem, e mesmo que isso demore meses, os tímidos passam a falar, os faladores passam a falar menos, a aula chata torna-se roda palpitante de ideias e emoções, sobre as quais o professor poderá colocar o conhecimento sistematizado e agora, sim, ansiado pela turma desequilibrada e espicaçada pelo debate.

Claro que, para isso, será preciso abandonar essa educação dirigida para o acúmulo de informações, que foca o aluno como depósito para conhecimento enciclopédico (saber de tudo um pouco, para servir para nada) ou para conhecimento especializado (saber muito sobre algo, para sem prática esquecer quase tudo). A palavra *disciplina*, para designar as áreas de estudo, já indica a visão autoritária da educação tradicional. *Assunto* será melhor, e o assunto mais emergente e fundamental hoje, para todas as profissões, embora ainda desconhecido pelas chamadas grades (outra palavra horrível) escolares, é Cidadania, para debater/informar sobre direitos e deveres, valores, meio ambiente, impostos, principalmente os embutidos, estrutura do Estado e funcionamento dos governos e instituições públicas, tendências sociais, históricas e econômicas, organizações sociais e terceiro setor, mercado de trabalho, empreendedorismo, inteligência emocional, relacionamento, tantas janelas por abrir, mas a escola tradicional ainda permanece com as janelas fechadas, debruçada no tedioso conhecimento *estático* para jovens que veem tevê, lidam com computadores e internet desde a primeira infância e vivem num mundo em intensa trepidação social e desafios econômicos em rápida sucessão.

Na natureza não existem linhas retas. Mesmo o horizonte aparentemente mais plano é curvo, pois faz parte de um planeta redondo. Por que insistimos numa escola de linhas retas, didática reta, objetivos retos ("passar no vestibular, tirar diploma, conseguir um bom emprego"), quando há tantas oportunidades nas ondas do empreendedorismo e do cooperativismo? Por que pensar retamente apenas em mercado de trabalho (empregos) se há também mercado para iniciativas (negócios)?

De que adianta decorar para esquecer? Se o mundo é de trabalho em equipe, não é melhor aprender a debater e conviver?

A educação precisa arredondar para atender ao mundo globalizado. Precisamos transformar em rodas de discussão as fileiras retas de carteiras. Nas rodas, a gente vê os olhos de todos. As pirâmides do Egito são retas, com suas linhas convergindo para o alto, porque se destinavam a ser uma ponte para passagem do imperador morto para a eternidade, toda essa retitude expressando esse autoritarismo. Já Stonehenge, o monumento circular de rochas na Inglaterra, é considerado marco inicial da democracia porque ali se reuniam os senhores feudais, para discutir assuntos comuns, sem posição especial para nenhum, todos em roda.

Séculos depois, temos de decidir entre uma educação reta ou redonda. Mas basta olhar o corpo humano e seus órgãos para ver que somos destinados a arredondar. Somos a única espécie que consegue, com braços e pernas, sinalizar retas, formando T, I, X, mas, olhando o corpo por dentro, mesmo a coluna vertebral é toda curva...

Revendo meu velho caderno de desenhos, cada desenho parece dizer: vamos arredondar?

FIM

Passando a chama

Menino, eu cutucava formigueiro e ficava vendo o alvoroço das formigas saindo para combater o grande inimigo, enquanto outras se dedicavam a fugir com ovos de futuras rainhas, tentando sempre perpetuar a espécie.

Depois, soube que golfinhos nadam com as fêmeas, filhotes, viúvas e velhos no centro da manada, os machos em redor. Nada comparável à nossa previdência social, conquista de milênios, mas de qualquer forma uma formação inteligente de proteção social.

Golfinhos e formigas veem além do indivíduo, trabalham para a espécie. E nós trabalhamos não só para a preservação da espécie, mas, também, para a qualidade de vida e seu prolongamento. No tempo de meu avô vivia-se 45 anos em média, e hoje vivemos quase 80!

Somos, no planeta, o único bicho que produz lixo, mas também somos os únicos a cuidar dos feridos e deficientes. E somos recompensados com gente como um escultor chamado Aleijadinho. Ou um futebolista de pernas tortas, como Garrincha. Um escritor como Jorge Luis Borges, que via tanto e era cego, enquanto o astrofísico Stephen Hawking continua a desvendar o universo, movendo apenas três dedos numa cadeira de rodas, como o presidente Roosevelt quando dirigiu seu país em guerra.

Entre as profissões, uma se dedica especialmente a trabalhar para a espécie, o magistério. Recebem dos pais e dos governos, para transformar em cidadãos, turmas de crianças e jovens com suas diferentes personalidades e sua herança genética variada e surpreendente. Aquele baixinho poderá ser um matemático gigante. Aquela magrela poderá ser uma atleta campeã. O gordinho com cara de bobo poderá ser poeta, músico, empresário. O piadista ali poderá ser líder tão dedicado à comunidade como agora se dedica às piadas.

Como lidar com tanta variedade e riqueza? Um dia, liguei para meu velho professor de Educação Física e percebi que a voz estava cansada, gasta, mas continuava inconfundível no falar com paixão. Então fui me lembrando dos outros professores que me marcaram, me mudaram, me melhoraram, e concluí que todos eram apaixonados — pela educação, pelos alunos, pela matéria que ensinavam. Ou melhor, pela alma que revelavam, pois não é coerente chamar de matéria essa luz que sai pelos olhos e essa chama que arde nas palavras do professor apaixonado.

Então escrevi estas memórias de meus mestres como modo de retribuir o que me deram; como meio de passar a outros seu legado; e como forma de botar mais fogo na usina de paixão de outros mestres e estudantes, para que continue mais viva essa chama que nos difere de todos os outros seres, a chama da paixão por melhorar, e que também chamamos de humanidade.

Domingos Pellegrini

Domingos Pellegrini é paranaense de Londrina, onde nasceu em 1949. Formado em Letras, trabalhou com publicidade e jornalismo. Ganhador dos prêmios Jabuti de 1977 (com seu livro de estreia, o volume de contos *O homem vermelho*) e de 2001 (com o romance *O caso da chácara chão*), é autor de uma extensa obra, que inclui títulos como *A última tropa*, *Água luminosa*, *As batalhas do castelo*, *O dia em que choveu cinza* e *Questão de honra* (todos pela Moderna). Atualmente, vive numa chácara nos arredores de sua cidade natal e colabora com diversos jornais.